ENTRENAMIENTO PARA IR AL BAÑO EN 3 DÍAS

La guía práctica paso por paso para que tu hijo
deje de usar pañales para siempre.
Aprende cómo entrenarle de forma natural
y sin lágrimas.
Ideal para niños y niñas

MIRANDA RODRIGUEZ

Table of Contents

Nota de la autora

Este libro y los consejos que contiene están dirigidos tanto a niñas como a niños. Por motivos únicamente de practicidad en el texto se habla prevalentemente en masculino, pero esto no quiere decir que las diferentes técnicas aconsejadas no sean válidas también para niñas. En el caso de sugerencias especificas para un sexo u otro, está claramente indicado si éstas están pensadas para niños o niñas.

Introducción

Tanto si ya has enseñado a otros hijos a ir al baño como ésta si es la primera vez, la preparación es fundamental para este proceso. Al igual que muchas otras cosas (un viaje por carretera, una operación quirúrgica o una mudanza), la preparación adecuada es esencial para limitar la frustración, el estrés y las posibles consecuencias negativas.

Los preparativos para el épico fin de semana para aprender a usar el orinal o bacinica se dividen en dos categorías: preparar a los padres y preparar al niño.

Sabes lo que va a pasar. Tienes el libro, seguirás pasos específicos y tendrás el control cuando llegue el fin de semana. Puede que tu pareja esté en tu misma página. Si no lo está, conseguirlo es parte del trabajo de preparación.

Por otro lado, tu hijo probablemente esté haciendo pasteles de barro ahora mismo sin preocuparse de nada de todo esto. No tiene ni idea de que este fin de semana se está programando sólo para él. No sabe que estáis planeando un entrenamiento para ir al baño, ni que habéis dejado de lado todos vuestros planes, ni que se espera que participe en esta misión de fin de semana y que salga de ella sin pañales y con calzoncillos de niño grande.

Has hecho todo el trabajo duro para averiguar si tu hijo está preparado para ir al baño o no. Es un trabajo duro, lo sé. No es fácil observar a tu hijo y analizar todo lo que hace y dice.

¿Acaba de decir "tengo pipi" o ha dicho "quiero bibi"? ¿Está mirando a papá porque está súper interesado en lo que está haciendo junto al inodoro o está distraído por la luz que rebota en la baldosa? Su mano se ha movido cerca de la zona del culito, ¿Está diciendo que tiene el pañal sucio?

Sé que no es fácil averiguar cuándo tu pequeño está preparado. También hay una parte de nosotros que quiere que siga siendo pequeño y adorable para siempre y que no crezca. Pero una vez que estás segura de que está listo, el siguiente paso es prepararlo para lo que viene.

Tu hijo pequeño ya muestra todas las señales de que está listo para pasar a la ropa interior de superhéroe y usar el baño como papá. Enhorabuena. Este es el primer hito dentro de uno mucho mayor: es el punto de partida de un viaje que vais a hacer juntos.

Como hemos dicho, tu hijo está haciendo su vida de niño pequeño sin saber por lo que están pasando sus padres en este momento. Por lo que a él respecta, no ha ocurrido nada nuevo. Mientras tú y tu pareja estáis discutiendo en profundidad sobre el entrenamiento para ir al baño, las varias estrategias y buscando en Google la mejor bacinica para comprar, él ni siquiera sabe que todo esto existe.

—

Por lo tanto, es bueno que te tomes un tiempo para educarle y prepararle antes de lanzarle a la piscina con un retiro intensivo de tres días para enseñarle a ir al baño.

Es una buena idea programar el fin de semana de tres días con, por lo menos, un mes de antelación. De este modo, tendrás tiempo suficiente para educar a tu hijo, entusiasmarlo y acostumbrarlo a las novedades del entrenamiento para ir al baño.

Capítulo 1. Cuándo empezar a entrenar para ir al baño

"¿Cuándo debo empezar el entrenamiento para ir al baño?" Todos los padres se hacen esta pregunta en algún momento, pero no hay un momento determinado para comenzar a educar a tu hijo a ir al baño. Variará para cada familia y cada niño, pero sabrás que es un buen momento para avanzar en el entrenamiento cuando empieces a notar algunos determinados comportamientos. La realidad es que no hay dos niños que se entrenen igual. El secreto del éxito del aprendizaje para ir al baño es sintonizar con el estilo y las necesidades de tu propio hijo.

Si conoces a personas que tienen niños pequeños o ya un poco más mayores, es probable que hayas oído diferentes historias sobre el aprendizaje para ir al baño. Es posible que tu vecino presuma de que su hijo aprendió a usar la bacinica antes de cumplir los dos años. Por otro lado, es posible que tu sobrina se haya negado a usarla hasta el preescolar. Ninguna de las dos cosas es correcta o incorrecta.

Tanto si tu hijo empieza a ir al baño antes como después, empezarás a ver las señales cuando llegue el momento. Si tu hijo no está preparado para empezar a ir al baño, ni siquiera las mejores tácticas van a funcionar.

La mayoría de los niños desarrollan las habilidades cognitivas y físicas necesarias para ir al baño entre los 18 y los 24 meses de edad. La mayoría de los padres no empezarán a enseñarles a usar el orinal hasta los 2 ½ y 3 años. Es entonces cuando el control diurno de la vejiga tiende a ser más fiable. Algunos niños de hecho no se interesan por la bacinica hasta los 3 o 4 años.

Para ayudarte a saber qué señales debes buscar, vamos a repasar cuáles son los signos más comunes de preparación para el aprendizaje de baño.

Cuando el pañal está sucio o mojado, el niño empieza a tirar de él

La mayoría de los niños pequeños pasan por una etapa en la que odian ensuciarse, aunque sea una etapa corta. Les molestan los dedos pegajosos y están ansiosos por quitarse un pañal sucio. Esta es una gran oportunidad para iniciar la aventura del entrenamiento de baño, ya que, por primera vez en su vida, a tu hijo no le gusta llevar su apestoso pañal.

Empieza a esconderse cuando hace pis o caca

Es una señal física de que saben lo que hace su cuerpo. A algunos niños no les gusta hablar de ello. Sin embargo, si observas que se retira a un rincón o a otra habitación antes de hacer pis o caca, eso te indica que hasta cierto punto entiende lo que está pasando.

Se interesa por el uso de la bacinica que hacen los demás

Una de las cosas más importantes que debes buscar es que tu hijo muestre interés y ganas de aprender sobre la bacinica. Puedes ayudar a estimularlo leyendo libros infantiles sobre su uso y también viendo vídeos. Asimismo puedes hablar de ello con tu hijo durante el día.

Mantiene el pañal seco durante más tiempo del habitual

Hasta alrededor de los 20 meses de edad, los niños se orinan con mucha frecuencia y la esperanza de controlar su vejiga es poco realista. Pero, cuando un niño pequeño se mantiene seco durante una o dos horas seguidas y a veces se despierta sin estar mojado, es una señal de preparación física.

Se despierta de la siesta estando seco

Esto también tiene que ver con la última señal. Si tu hijo no se orina tan a menudo como para tener que cambiarlo después de la siesta, entonces está llegando a un punto en el que tiene más control sobre su vejiga.

Te dice que están a punto de o que necesita ir al baño

Algunos niños anuncian alegremente cuándo se están preparando para o ya han hecho pis o caca. Esto te permite saber que son conscientes de las funciones de su propio cuerpo.

Si intentas empezar a enseñarle a tu hijo a ir al baño antes de que empiece a hacer esto, probablemente te encontrarás con algunos problemas, porque no será completamente consciente de lo que está haciendo y no podrá controlarlo ya que no entienden lo que está pasando.

Eres capaz de predecir cuándo va a hacer caca

Es posible que hayas empezado a notar que tu hijo hace sus necesidades a primera hora de la mañana, después de comer o justo antes de acostarse. Tener un ritmo regular te ayudará a saber cuándo tienes que llevarlo a la bacinica, aumentando sus posibilidades de éxito.

Es capaz de desvestirse fácilmente

Cuando tenga que ir al baño, la bacinica no servirá de mucho si tu hijo no puede bajarse los pantalones rápidamente. Antes de que el entrenamiento para ir al baño sea una realidad, el niño debe tener bien desarrolladas una buena cantidad de habilidades motoras. Y tu también puedes ayudarle a aprender. Esto también significa que, cuando le enseñes a ir al baño, debes evitar vestirle con algo difícil de quitar y poner como cremalleras, pantalones con cinturones, bodys con botones en la entrepierna, peleles o mallas.

Tiene conocimiento de la palabras relacionadas con ir al baño

Tanto si quieres que tu hijo utilice palabras adecuadas para su edad como "pis" y "caca" o palabras más técnicas como "orinar" y "defecar", él las utilizará solo cuando las entienda.

Empieza a mostrar signos de independencia

Cuando tu hijo empiece a decir cosas como "puedo hacerlo yo solo", es probable que esté preparado. Sin embargo, si tu hijo está experimentando factores de estrés o cambios, como la mudanza a una nueva casa o la llegada de un nuevo bebé a la familia, entonces es posible que tengas que esperar hasta que empiece a sentirse más seguro.

Puede seguir instrucciones sencillas

Para nosotros, los adultos, ir al baño cuando lo necesitamos es sencillo. Pero para algunos niños puede ser un reto debido a todos los pasos que esto implica. Tienen que encontrar el baño, encender la luz, bajarse la ropa interior y los pantalones, sentarse en el orinal, ir, limpiarse, tirar de la cadena y luego lavarse las manos. Por eso es importante que tu pequeño pueda seguir instrucciones sencillas.

Es capaz de permanecer quieto durante más de unos segundos

Para poder utilizar el inodoro, especialmente cuando se trata de hacer caca, se necesita algo de paciencia. Tu hijo tiene que ser capaz de sentarse y dedicarse a una sola actividad durante unos minutos sin irritarse ni distraerse.

Puede caminar y correr bien

Dado que la necesidad de ir al baño suele ser repentina para los niños pequeños y que la bacinica no suele siempre estar cerca de ellos, tu hijo debe ser capaz de llegar al baño antes de tener un accidente. Si todavía tiene dificultades para caminar y correr, no está entonces preparado para el aprendizaje para ir al baño.

¿Están preparadas las niñas antes que los niños?

Aunque suele haber algunas diferencias en el desarrollo de los niños y las niñas, el entrenamiento para ir al baño tiende a suceder de la misma manera para los dos. Todo depende del aprendizaje del control de esfínteres. Aun así, es probable que hayas oído que es más difícil enseñar a ir al baño a los niños que a las niñas, pero esto no es del todo cierto.

Un estudio más antiguo sugería que las niñas podrían estar más avanzadas a la hora de expresar la necesidad de ir a la bacinica u orinal y dominar el control de esfínteres. Sin embargo, la Academia Americana de Pediatría ha dicho que estos estudios no son correctos. En general, no suele haber diferencias entre la edad de aprendizaje entre niños y niñas.

Al final, todo se reduce al pequeño y a sus signos de preparación. Tanto los niños como las niñas necesitan que se les anime y se les elogie cuando están aprendiendo a ir al baño. También hay que darles comprensión, amor y paciencia.

Lista de comprobación del entrenamiento para ir al baño

Para ayudarte, a continuación encontrarás una lista, de comprobación que te permitirá medir la preparación de tu hijo para el aprendizaje para ir al baño. Recuerda que intentar enseñar a tu hijo a ir al baño antes de que esté preparado no significa que vayas a terminar antes. De hecho, es probable que le lleve mucho más tiempo.

Antes de cumplir el primer año, el niño no puede controlar sus esfínteres, e incluso hasta los 20 meses no tiene un buen control. Algunos niños pequeños mostrarán signos de estar preparados, pero no serán físicamente capaces de controlar su eliminación. Incluso los niños que son capaces de permanecer con el pañal secos durante el día pueden tardar un poco más en hacerlo durante la noche.

No hay razón para esperar a poder marcar todos los puntos de la lista para empezar. Simplemente hay que buscar una tendencia general hacia la independencia y una buena comprensión de lo que significa usar el baño.

- Signos físicos
- Tiene períodos "secos" que duran al menos dos horas o durante la siesta, lo que significa que los músculos de su vejiga se han desarrollado lo suficiente como para retener la orina.
- Tiene movimientos intestinales regulares y bien formados que se producen a horas regulares.
- Orina una cantidad decente de una sola vez.
- Es lo suficientemente coordinado como para caminar o correr de forma segura.

- Se encuentra en una etapa de cooperación, no en una etapa "rebelde" o negativa.
- No se resiste a aprender a usar el baño.
- Se enorgullece de sus logros.
- Da una señal verbal o física cuando defeca, por ejemplo, explicandolo, gruñendo o poniéndose en cuclillas.
- Muestra interés por los hábitos de baño de los demás.
- No le gusta la sensación de tener el pañal sucio o mojado.
- Es capaz de bajarse y subirse los pantalones.
- Puede sentarse tranquilamente en una posición de dos a cinco minutos.
- Entiende las señales físicas que significan que necesita ir al baño y es capaz de avisar antes de que esto ocurra o es capaz de aguantar hasta llegar al orinal o bacinica.
- Puede seguir instrucciones sencillas.
- Comprende la importancia de poner las cosas donde deben ir.
- Tiene palabras para el baño, como "pipí" y "caca".

Conceptos erróneos sobre el entrenamiento para ir al baño

Es hora de preparar a tu hijo para el gran hito. Empieza por deconstruir los siguientes conceptos erróneos.

Espera a que su hijo te dé pistas intencionadas de que está preparado

Esto es falso. Esperar a que haya pistas intencionadas es completamente irrealista. Tu hijo siempre ha orinado en el pañal. No sabe que hay un mundo de retretes ahí fuera. ¿Qué señal podría dar cuando no sabe de qué va el tema?

Las pistas intencionadas sólo aparecen cuando el entrenamiento para ir al baño ha comenzado. Puede ser en forma de un "baile del pipí", como saltar de un pie a otro. Se trata de un esfuerzo por retener el pis. También puede tratarse de un movimiento brusco o de una expresión de angustia o simplemente de la necesidad de usar el orinal.

No te sientas mal si tu hijo no es ese niño que un día salta al retrete y hace pis en el orinal sin que se lo tengas que indicar. Algunos padres suelen decir: "Pensaba que ya habría mostrado algo de interés". Pero se equivocan, cuanto antes se entrene, más fácil será para todos los implicados. Así que, si estás esperando a que tu hijo tenga una opinión sobre el asunto, pues seguramente ya has esperado demasiado.

Las chicas son más fáciles de entrenar que los chicos

Las chicas maduran más rápido que los chicos, por lo que existe una idea generalizada que son más fáciles de entrenar. Sin embargo, esto no es cierto. Depende más de la rapidez con la que el niño aprende como individuo. Es como empezar a caminar. Un niño puede aprender a caminar a partir de los 9 o a los 15 meses. Cada pequeño es un mundo.

—

Hay muchos otros factores que contribuyen a facilitar el entrenamiento de tu hijo, como el orden de nacimiento, el tipo de personalidad y el estilo de crianza.

El primer hijo o el hijo único tiende a ser entrenado a una edad más avanzada porque es la primera vez que los padres lo hacen. Esto suele dificultar el aprendizaje para ir al baño. Los hermanos menores tienen la experiencia de ver a su hermano mayor ir al baño y, como dice el refrán, "*mono ve, mono hace*". Sin embargo, si los padres miman demasiado a un hermano pequeño, a veces ese niño disfruta tanto siendo el bebé que se resiste a dar el salto a "niño mayor" necesario para tener éxito en el entrenamiento para ir al baño.

Enséñale primero a hacer pipí; sólo entonces podrás enseñarle a hacer caca

Esto no es correcto. El niño no sabría si el pañal que lleva es para hacer caca o para hacer pis. La única diferencia serían las sensaciones que siente.

Una cosa que sí funciona es dejar que tu hijo vea que hacer pis y caca es normal: hacerlo no tiene por qué ser un secreto bien guardado. Puede sonar poco convencional, pero llevar a tu hijo contigo al baño puede de hecho ser algo bueno. Así que mientras haces tus cosas, haz que tu niño se siente junto a tí. Con el tiempo, tu pequeño se dará cuenta de que sentarse en el asiento del váter es una rutina normal y que no es desalentadora.

Saca el orinal o bacinica antes de empezar el entrenamiento para que se acostumbren a él

Déjame preguntarte: ¿Te sentirías cómodo yendo al baño en tu cocina? ¿Y en el pasillo? ¿Al lado de tu sofá mientras ves la televisión? ¿No?

Cuando se colocan orinales en estos lugares, se fomenta que el niño se sienta cómodo para ir al baño en otras zonas de la casa, cuando, en realidad, debería sentirse cómodo para ir al baño sólo en el cuarto de baño.

Uno de los hábitos que quieres que tu hijo cambie durante este proceso de aprendizaje es justamente el de sentirse cómodo haciendo pis y caca por toda la casa. Cuando un niño lleva pañales, se le permite ir al baño donde y cuando quiera y, de repente, le pedimos que no lo haga. Por lo tanto, el niño recibe señales contradictorias cuando se coloca un pequeño inodoro en cualquier lugar que no sea el baño.

Lleva al niño al baño cada 30 minutos

Hacer esto es una forma segura de conseguir que tu hijo odie el entrenamiento para ir al baño y se resista a ello de todas las formas posibles. Yo, personalmente, no tengo que ir al baño cada 30 minutos, y lo más probable es que tu hijo tampoco. Obligarle a hacerlo sólo le causará frustración. Las transiciones ya son difíciles para los niños pequeños, por lo que crear más todavía solo dificultará el progreso para ti y para tu hijo.

Es importante que tu hijo sepa lo que siente al tener la vejiga llena durante el proceso de aprendizaje. Así aprenderá a aguantar. Si tu hijo hace pis cada 30 minutos, le estás enseñando a ir al baño cada 30 minutos, en lugar de aguantar para ir cuando realmente lo necesite.

Además, debes crear una relación de confianza con tu hijo. Debes animarle a que te avise antes de que necesite ir. Si haces que tu hijo vaya cada 30 minutos, entonces no hay razón para que se comunique contigo al respecto, porque le harás sentarse aunque no esté preparado... y de ahí su frustración.

Capítulo 2. Cómo preparar mental y emocionalmente a tu hijo

Antes de empezar el aprendizaje para ir al baño, debes, en primer lugar, considerar cuándo y en qué manera tu rutina cambiará a medida que hagas del entrenamiento una nueva prioridad en tu día.

Otro paso clave en el entrenamiento para ir al baño es asegurarte de que todas las personas que te rodean se involucren. Una vez que empieces, puede ser muy difícil para ti estar cerca de tu hijo las veinticuatro horas del día, por lo que es importante saber con seguridad que todo el mundo está contigo en esto. En resumen, tan importante como comprobar que tu hijo está preparado para comenzar con el aprendizaje para ir al baño, es tener la seguridad que tú y tus seres queridos también lo estáis.

A continuación, algunas preguntas para ayudarte a determinar si este es tu caso:

¿Orinal o Silla Portátil para el Inodoro?

Principalmente, ten en cuenta el tamaño de tu hijo. Como todos los niños y todos los padres son diferentes, este libro no pretende recomendar ninguna marca o tipo de equipamiento para el aprendizaje para ir al baño. En su lugar, debes examinar tu casa y a tu hijo y encontrar lo que mejor te funcione.

¿Tienes tiempo para llevar a tu hijo al baño con regularidad?

El aprendizaje para ir al baño no es un proceso a tiempo parcial. Como progenitor, es importante asegurarte de que estás preparado para llevar a tu hijo al baño siempre que esto sea necesario. Los accidentes ocurrirán, pero se producirán con menor frecuencia y el aprendizaje será más rápido si tú estás dispuesto a escuchar y ayudar a tu hijo una vez que esté preparado para usar el orinal o bacinica.

¿En la guardería las maestras están preparadas y dispuestas a ayudar?

Esto es especialmente importante para los padres que trabajan. Tu hijo puede estar preparado para ir al baño a los dieciocho meses o a los treinta y seis. Independientemente del momento en que lo esté, es absolutamente necesario que el personal de la guardería también colabore. En el momento en que comiences el aprendizaje para ir al baño en casa, en la guardería también deben estar disponibles para escuchar a tu hijo, llevarlo al baño cuando sea necesario y seguir cualquier sistema u horario que hayas establecido. Sin embargo, tú, como progenitor, también debes recordar que tu hijo no es el único pequeño de la guardería. Para colaborar con los profesores infórmate de los programas u horarios que tienen y trata de adaptarte a su rutina. El compromiso es la clave cuando hay varios adultos implicados en el entrenamiento de un niño para ir al baño.

¿Tienes previsto algún viaje importante a corto plazo?

Las vacaciones son un momento maravilloso para unir a la familia, pero también pueden interferir en el proceso de aprendizaje.

Es difícil y puede ser hasta imposible que los niños pequeños sean capaces de controlar las esfínteres cuando están en un avión o en viajes largos en coche. Tanto después de la señal de "Abróchese el cinturón" en el avión, como en un largo tramo de carretera entre dos estaciones de descanso, los viajes suelen implicar largos períodos de tiempo en los que el niño no puede ir al baño. Al mismo tiempo, volver a utilizar el pañal como medida preventiva puede suponer el riesgo de animar a tu hijo a retroceder a una fase más temprana del aprendizaje. Por todas estas razones, suele ser mejor esperar a comenzar el entrenamiento para ir al baño hasta que tengas tiempo suficiente para terminar el proceso y enseñar a tu hijo a "aguantar" todo lo posible.

¿Tu hijo pasa mucho tiempo con los abuelos o con una niñera?

En el mejor de los casos, los abuelos y las niñeras ya tienen experiencia con el entrenamiento de niños pequeños. Sin embargo, la experiencia no siempre es suficiente. Al igual que cada niño es único a la hora de comenzar a entrenar para ir al baño, es único también en cuanto a su disposición a participar en las prácticas de aprendizaje, a comunicar sus necesidades y a utilizar instalaciones sanitarias diferentes de las que tienen en casa.

Del mismo modo, los abuelos y las niñeras deben estar preparados para participar en el entrenamiento para ir al baño si tu hijo está con ellos de forma habitual o durante un periodo de tiempo prolongado. Todos los cuidadores implicados deben estar preparados para los accidentes, los viajes frecuentes al baño, las peticiones repentinas para hacer pipí y mucho más.

Los niños pequeños suelen necesitar ir al baño con más frecuencia que los adultos, pero también pueden pedir ir más a menudo simplemente porque se trata de una experiencia nueva e interesante.

—

Si se les recompensa cuando van al baño, es posible que pidan ir más a menudo simplemente para recibir un premio.

Todos los niños pequeños tendrán un accidente en algún momento, durante o incluso después del proceso de aprendizaje para ir al baño. Cuando te prepares para el entrenamiento, es tu responsabilidad como padre o madre asegurarte de que todos los cuidadores implicados están preparados, dispuestos y son capaces de cumplir su papel en el proceso de entrenamiento para ir al baño.

¿Has hecho la transición de la cuna a una cama para niños pequeños?

Una vez que tu hijo haya abandonado la cuna, es importante tener en cuenta cómo afectará esto a su proceso de aprendizaje para ir al baño. Si utilizas un orinal o bacinica portátil, puedes optar por dejarlo en su habitación para que pueda emplearlo sin ayuda durante la noche. Sin embargo, esto también puede complicar las cosas, sobre todo si tienes un niño. Por razones de higiene, la mayoría de los pediatras recomiendan mantener todas las prácticas de baño fuera del dormitorio y en un entorno supervisado, especialmente al principio. Si tu hijo aún está en la cuna, esto hace que la responsabilidad de levantarse durante la noche cuando te llame para ir al baño recaiga sobre ti.

Las personas solemos llegar a dormir un sueño profundo, un estado en el que no es necesario ir al baño en mitad de la noche, pero para un niño en proceso de aprendizaje las cosas pueden non ser todavía tan sencillas. El uso de un protector de colchón y un pañal nocturno puede, al principio, facilitar la transición del pañal y mantener un entorno higiénico.

¿Estás preparada para los accidentes?

Si no puedes responder "sí" a esta pregunta, no estás preparada para que tu hijo comience el entrenamiento para ir al baño. Así de sencillo. Lo más probable es que hayas escuchado historias terroríficas sobre ese niño que tuvo accidentes hasta los doce años y que, por otro lado, alguien insista en quererte contar de esa niña que lo hizo todo perfectamente desde el minuto uno y nunca tuvo un accidente. Hay algo que debes saber ahora: todos los niños tendrán un accidente en algún momento. Ya sea durante la noche, en medio del centro comercial o en la mitad de la película que llevas meses esperando ver, todos los niños tendrán un accidente.

Algunos niños tardarán mucho más que otros en terminar el entrenamiento para ir al baño, mientras que otros lo harán enseguida y luego tendrán un accidente inesperado a los cinco años. La única garantía en el aprendizaje para ir al baño es que no hay garantías. Tú, como madre o padre, debes prepararte tanto mental como físicamente para los accidentes. Mentalmente, es importante asegurarte de que no vas a enfadarte con tu hijo. Gritar, regañar y castigar sólo aumentará la humillación y el malestar que ya siente el pequeño. Físicamente, debes mentalizarte para el desorden de la misma manera que lo has hecho con los pañales. Incluso después de haber terminado el entrenamiento para ir al baño, debes tener siempre a mano una muda de ropa, toallitas húmedas y una bolsa de plástico (para la ropa sucia). El mejor ataque es una buena defensa, y cuanto más preparada estés para un accidente, menos molesto este resultará para ti y para tu hijo.

¿Eres conciente de los gastos iniciales?

Si bien es cierto que dejar de usar los pañales puede suponer un alivio económico para tu familia, el alivio no llega de inmediato. En primer lugar, los pañales para el aprendizaje nocturno suelen ser más caros que los tradicionales. Del mismo modo, hay montones de tipos diferentes de orinales o bacinicas, papel higiénico de colores y más herramientas pensadas para ayudar a tu niño en el proceso de entrenamiento. Aunque casi ninguno de estos productos es estrictamente necesario para el aprendizaje para ir al baño, las familias saben que pueden agilizar, y mucho, todo el proceso. El papel higiénico especial que indica la cantidad que debe usar tu hijo a través de bonitos dibujos puede ahorrarte horas de chapoteo y limpieza, pero también será más caro que el papel higiénico normal. Si sabes de antemano que quieres utilizar este tipo de productos, o crees que puede sentir inclinación hacia ello, merece la pena investigar cuánto cuestan antes de empezar el entrenamiento para ir al baño.

¿Hay bebés en tu familia o niños a punto de cumplir el año?

Un bebé es una bendición, pero, como ya sabes, también implica mucho trabajo. Un bebé te quitará una parte considerable de tu tiempo y de la atención que puedes dedicar a tus otros hijos pequeños. Esto afectará al entrenamiento para ir al baño de dos maneras. En primer lugar, tendrás menos oportunidades de ayudar a tu hijo con este proceso de aprendizaje. Dado que el entrenamiento es una experiencia nueva para cualquier pequeño, debes estar preparada para las peticiones repentinas de ir al baño, los períodos prolongados en el inodoro o en el orinal y, por supuesto, los accidentes inesperados. Cuidar de un bebé al mismo tiempo puede dificultar todos estos aspectos del entrenamiento.

El segundo efecto de un bebé en el entrenamiento para ir al baño viene en forma de regresión. No es raro que un niño pequeño asocie el comportamiento infantil del nuevo bebé con la efusión de amor y atención que su madre o padre le muestra. Tu hijo puede responder volviendo a su propio comportamiento infantil en forma de llanto, dedo en la boca, demandas de atención y, por supuesto, accidentes.

¿Eres consciente del aumento de la colada?

Como ya sabes, los accidentes ocurren. Los accidentes afectarán los pantalones, los calzoncillos, las sábanas, las mantas y mucho más. Ya lo viviste cuando tu hijo era un bebé y ahora que se está acercando a la fase de aprendizaje de baño, la colada volverá a aumentar. No explico esto para desanimarte a la hora de enseñar a tu hijo a utilizar el orinal, sino para ofrecerte un recordatorio de un cambio que debes prever cuando empieces a el proceso de entrenamiento.

Así que recuerda que este periodo será breve y pronto volverás a tener una carga normal de ropa, con la ventaja añadida de un niño sin pañales.

Capítulo 3. Consejos para la gestión del estrés de los padres

Durante el entrenamiento para ir al baño de un hijo, los padres pueden experimentar estrés. Así que la cuestión es cómo lidiar con ello.

A continuación, te damos consejos sobre cómo gestionar el estrés en estos momentos:

1. Programa su día

Es posible que quieras llevar una lista de control o un calendario en el que puedas anotar las actividades de tu hijo. Marca cada actividad cuando la haya terminado: te ayudará a ver todo lo que tu pequeño ha avanzado. De este modo, se cumple la tarea y se evita estresarse por ello.

2. Elimina las distracciones y las pérdidas de tiempo

Es fácil perder el tiempo probando nuevos métodos para entrenar a tu hijo a ir al baño y de consecuencia sentir que no se está yendo a ninguna parte: esto obviamente genera estrés, especialmente si también tienes otras responsabilidades que también requieren de tu atención. Así que intenta limitarte a un solo método de entrenamiento.

3. Anímate

"Ya casi lo he logrado". Cuando tu hijo por fin lo consigue, es como si hubierais ganado un premio, ¡y lo habéis hecho juntos!

Es una gran experiencia compartida por padres e hijos. Así que no te desanimes si a veces siguen teniendo accidentes. Mientras sigas transmitiendo el mensaje de que no te importan (la mayoría de los niños se sienten mal por ellos) y les recuerdes que te digan cuándo tienen que ir al baño, la gran mayoría de los pequeños acabarán entendiéndolo.

4. Coherencia en el enfoque

Es fácil estresarse cuando tu hijo tarda en aprender o si, de repente, parece hacer pasos atrás. Pero si eres constante, al final verás mejoras.

5. Consigue ayuda de la familia y los amigos

Es esencial que mantengas una comunicación abierta con tus amigos y familiares, especialmente durante el comienzo del aprendizaje de baño, cuando tu hijo puede no estar acostumbrado a todos los cambios.

6. Normaliza el utilizo del orinal

Intenta utilizar el orinal o el inodoro para actividades que tu hijo no esté acostumbrado a hacer con pañal, como, por ejemplo, ponerse los zapatos. Esto ayudará a tu hijo a normalizar el hecho de estar sentado en el orinal y, con suerte, hará que se acostumbre a ello.

7. Celebra los pequeños éxitos

Es importante que reconozcas cuando tu hijo hace progresos, por ejemplo, cuando pasa más tiempo entre un accidente y otro, y que le hagas saber que lo has notado. Lo mismo puede decirse de otras cosas, como el dominio de cualquier nueva habilidad. También puede ser útil si tienes hijos mayores que entiendan que tienen que ayudar a animar a sus hermanos pequeños.

8. Asegúrate de tener una buena comunicación con tu pareja u con otros cuidadores

Lo mejor es evitar los "juegos de la culpa" y tratar de entenderse cuando algo no sale como estaba previsto.

9. Simplemente acepta que ningún niño es perfecto

Algunos niños tienen accidentes todo el tiempo, iy no pasa nada! Esto cambiará con el tiempo. Sigue elogiando a tu pequeño por esforzarse y por ser sincero contigo sobre cuándo necesita ir al baño.

Y aquí hay algunas cosas que puedes hacer para desestresarte durante este entrenamiento para ir al baño:

10. Dar una vuelta a la manzana

Los padres pueden estresarse cuando parecen no tener soluciones para enseñar a sus hijos a ir al baño. Así que un paseo rápido alrededor de la manzana te ayudará a despejar la mente y pensar en cómo abordar este problema la próxima vez.

11. Ponerse al día con los amigos

Puedes disfrutar de tu café o té mientras hablas con tus amigos o amigas y les cuentas tus retos en el entrenamiento para ir al baño. A la hora de hacerlo, intenta concéntrate en los progresos de tu hijo en lugar que en los contratiempos.

12. Ir a hacer ejercicio

Si sientes estrés, siempre debes intentar encontrar tiempo para hacer ejercicio. Esto mantiene tu mente ocupada y te ayuda a liberarte de las energías negativas.

13. Bañarse o ducharse

Esta es otra cosa que puede ayudarte a relajarte y que, al mismo tiempo, mejora tu estado de ánimo.

14. Pasa tiempo de calidad con los miembros de tu familia

Leer un libro, jugar, cantar o simplemente charlar: disfrutar junto a tus seres queridos ¡es muy importante!

15. Piensa en positivo y busca el lado bueno de las cosas

Intenta no culparte si tu hijo tiene un accidente en casa o si tu pareja no limpia su habitación tan bien como podría haberlo hecho. Mantener una visión positiva de cómo van a salir las cosas es muy importante, y ayuda a no sentir demasiada decepción en caso de que algo vaya mal.

Capítulo 4. Lo que hay que hacer y lo que no hay que hacer antes del entrenamiento para ir al baño

Ahora que ya tenemos una idea de los fundamentos del entrenamiento para ir al baño, es hora de elaborar un plan. El primer paso es decidir tu estrategia. Tener un plan puede aliviar el estrés de abordar una tarea tan grande al dividirla en momentos manejables. Ten siempre en cuenta tu estilo de crianza: ¿Tienes horarios marcados, o sueles dejar que las necesidades de tu hijo dicten el plan del día? La respuesta a esta pregunta te indicará qué plan funcionará mejor para ti y tu hijo.

Lo que hay que hacer

El primer paso es asegurarse de que el niño tiene al menos cierto interés en el aprendizaje para ir al baño. Éste es el paso más importante para garantizar el éxito. En segundo lugar, hay que introducir gradualmente la idea de usar el orinal o bacinica. Esto puede incluir cualquiera de los siguientes elementos:

1. Habla del orinal cuando cambies el pañal al niño. Explícale que no usará pañales durante mucho tiempo y anímale a hacer preguntas.

2. Explícale que los animales que también van al baño. Es importante que los niños sepan que hacer pis y caca es algo natural y que todos los seres vivos lo hacen.

3. Permita que tu niño te vea ir al baño, limpiarte y lavarte las manos. Haz que sea un acontecimiento.

Puedes incluso inventarse un baile del baño. Cuando tú u otro adulto o niño mayor tengáis que ir al baño, empieza a hacer el baile para que tu niño vea cómo se celebrará su éxito.

4. Mira vídeos y lee libros sobre el entrenamiento para ir al baño para seguir educando a tu hijo. Evidentemente, aquí se ha hablado de todo lo necesario, pero nunca hay que dejar de formarse y, en este ámbito, siempre se puede ampliar el conocimiento.

5. Compra los utensilios indispensables, como un orinal o bacinica.

El siguiente paso es planificar cuándo tendrá lugar el "campamento" de entrenamiento para ir al baño. Si es posible, reserva tres días completos. Cancela tus actividades habituales y asegúrate de que cualquier persona que vaya a ayudarte estará disponible al menos los dos primeros días para garantizar que estáis en sintonía.

A medida que se acerque el día E (Día del Entrenamiento), haz que tu hijo se entusiasme con la idea de no tener que llevar pañales dentro de unos días. Asimismo, recuerda a tu niño que podrá estar desnudo mucho rato. A la mayoría de los niños les encanta estar desnudos, así que esto será un gran incentivo.

También puedes presentarle su nueva ropa interior y el orinal o bacinica. Algunos padres incluso dejan que su hijo decore el orinal, posiblemente haciéndolo parecer un trono. También puedes dejar que sea él quien elija este tipo de incentivos o que te ayude a hacer una tabla de progreso para monitorear sus progresos. Elijas lo que elijas, estas actividades harán que tu hijo se sienta emocionado y especial.

Y recuerda que la mejor recompensa que puedes dar a tu pequeño es el elogio verbal y físico: canciones, aplausos, chocar los cinco y abrazos. Otra recompensa que no cuesta un céntimo es dejar que tu hijo llame a la abuela o a su tío o tía favorita para compartir sus éxitos desde el principio. La idea principal es que tu niño participe en el proceso de toma de decisiones en la medida de lo posible.

Lo que no hay que hacer

Antes del entrenamiento para ir al baño, hay algunas cosas que no debes hacer. Son las siguientes:

1. No empieces a enseñar a tu hijo a ir al baño a menos que tengas tiempo para hacerlo y quieras hacerlo. Puede ser algo muy estresante para tu pequeño. Es aconsejable comenzar el aprendizaje para ir al baño cuando ambos estáis de buen humor, relajados y preparados para superar cualquier problema que pueda surgir durante el proceso.

2. No le des a tu hijo una recompensa cuando llegue al orinal o bacinica. Si lo haces, hará que pida ir solo para obtener su recompensa y todo se hará mucho más difícil.

3. No dejes que tu hijo tenga poder sobre ti. Si no se sale con la suya, puede que utilice el orinal para librarse de algo que no quiere hacer o que desea.

4. No te precipites en el proceso de aprendizaje de baño. El entrenamiento no es una carrera, y debes tomarte el tiempo que tu hijo necesita para lograrlo antes de pasar al siguiente paso en su educación.

Capítulo 5. Consejos específicos para niños y niñas

Consejos para entrenar a los niños a ir al baño

Aunque el entrenamiento para el uso del orinal de niños y niñas es prácticamente el mismo, hay algunas sugerencias que deberías tener en cuenta. Empezamos con los niños:

Que un hombre le muestre cómo hacerlo

A veces, será más fácil que el padre de un niño o una figura paterna le enseñe exactamente lo que hay que hacer. A menudo, sobre todo en el caso de las madres solteras, no hay un modelo masculino en casa todo el tiempo. De media, los niños tardan un poco más en aprender a ir al baño porque no tienen un referente masculino que les enseñe lo que tienen que hacer.

Por mucho que las madres lo intenten, no pueden mostrar exactamente cómo se orina de pie. No hay nada de malo en que las madres permitan a sus hijos verlas usar el baño por el hecho de que los niños tienden a imitar a su madre en situaciones cotidianas, pero que un hombre les muestre exactamente qué tienen que hacer es algo que puede ayudar. Si no está papá para enseñarle, ¿por qué no pedir ayuda a un hermano mayor, a un tío o a un abuelo?

Que pueda decidir si se sienta o si está de pie

Es posible que tu hijo te muestre señales de que está preparado para empezar a ir al baño, como por ejemplo, alertándote de que tiene el pañal lleno. Entonces, ¿debes enseñarle a sentarse o a ponerse de pie a la hora de ir al baño? El objetivo no es cómo hacerlo, sino conseguir que use la bacinica. Si tu pequeño quiere estar de pie o sentado, no importa. Los niños deben empezar a usar el orinal como se sientan más cómodos. Si empiezan sentados, siempre pueden pasar a hacerlo de pie cuando sean más hábiles.

La práctica hace la perfección

Así que tu hijo puede ponerse de pie y usar el orinal o bacinica, pero cuando lo hace no apunta muy bien, y tú acabas limpiando todo el rato. Convertir esta tarea en un juego es una forma estupenda de aumentar la participación en la práctica del orinal. Así que vamos a ver la parte divertida: utilizar dianas o cereales redondos y brillantes, como los Foot Loops, es una forma estupenda de enseñar a tu hijo a apuntar mientras hace pis de pie.

Consejos para el entrenamiento del orinal de las niñas

Hay algunas diferencias que pueden parecer obvias para las mujeres, pero que quizá los padres podrían tener menos en cuenta. Vamos a verlas:

Haz que sea divertido

A las niñas les gusta ir de compras tanto como a cualquier mujer adulta, así que empieza por dejarle elegir a tu pequeña la ropa interior que quiere comprar: los personajes de Disney son un excelente comienzo. Como complemento, deja que elija también unos pañales desechables de entrenamiento. Estos pueden usarse por la noche o cuando, por algún motivo, no tengáis acceso durante un tiempo prolongado a un inodoro apto para niños o a una bacinica. Pero ten en cuenta que cuando tu hija esté preparada para usar el orinal con regularidad, sólo deberá usar la ropa interior.

Deja que tu hija elija su orinal o bacinica entre diferentes colores y dibujos. Además, si consigues encontrarlo, considera la posibilidad de comprar papel higiénico de su color favorito. La clave es hacer que parezca que el aprendizaje para ir al baño es una actividad divertida más, no una tarea.

Empieza con la posición correcta

Tu hija debe tener los pies apoyados en el suelo, de modo que su pelvis esté horizontal. Los niños deben tener algo contra lo que empujar, ya sean niños o niñas. Al tener los pies firmemente plantados sobre algo, tu hija se sentirá más segura y le resultará más fácil empujar cuando vaya al baño. También tendrá menos miedo de caerse del orinal. Esta posición también ayuda a que tu hija tenga menos accidentes. Cuando las niñas "cuelgan" sobre la bacinica, su trasero está más bajo que las rodillas, y parte de la orina puede entrar en la zona posterior de la vagina, y el poco líquido de su orina que queda, se filtrará en su ropa interior cuando se levante.

Haz que se siente tan adelante o atrás como quiera, pero ten en cuenta que sentarse demasiado adelante podría provocar alguna fuga no deseada.

Enséñale la técnica de limpieza adecuada

Aunque es más higiénico que tanto las niñas como los niños se limpien de delante hacia atrás, las niñas deben seguir estrictamente esta técnica para limpiarse. Esto les ayuda a evitar la introducción de bacterias en sus vías urinarias, lo que puede provocar incómodas infecciones. La mayoría de las niñas menores de cinco años no pueden limpiarse correctamente. Ayúdale a limpiarse cada vez que use el orinal.

Por supuesto, debes enseñar a tu hija (o hijo) a lavarse las manos después de cada uso del orinal o bacinica. Evita confiar en cualquier desinfectante de manos porque algunos de los virus más comunes que causan molestias gastrointestinales no mueren con el desinfectante de manos, por lo que es importante que tu hija se limpie con agua y jabón en caso de que haya algún residuo en sus manos.

Vigila las infecciones

Dado que muchas niñas no se limpian correctamente al principio, las infecciones del tracto urinario son más frecuentes entre las niñas en edad de ir al baño. Cuando las niñas se limpian de atrás hacia adelante en lugar de hacerlo de adelante hacia atrás, llevan las bacterias del ano a la uretra. Los signos de infección incluyen micción frecuente, ardor o dolor al orinar, orina con sangre, turbia o con mal olor, falta de apetito, fiebre, accidentes frecuentes y presión en el bajo vientre.

Si notas algo así, llama enseguida a tu médico de cabecera para que lo identifique correctamente y te recomiende antibióticos como tratamiento.

El momento ideal para empezar para niños y niñas

En general, tanto en caso de que tengas un hijo como una hija, recuerda que los meses más cálidos son el mejor momento para que un niño esté desnudo. Y cuando los niños están desnudos, son más conscientes de cuándo es el momento de ir al baño. Esto se debe a que no pueden hacer sus desechos en el pañal y, al mismo tiempo, seguir jugando o haciendo lo que estén haciendo. Sin embargo, asegúrate de recordar a tu hijo que debe ir al baño, porque de lo contrario acabarás teniendo que limpiar muchos desechos. Si hay un accidente, nunca grites ni te enfades porque esto puede causar problemas en el futuro para tu pequeño.

Capítulo 6. Preparémonos para el entrenamiento: Qué comprar

Ten preparado todo el material necesario antes de empezar los tres días reales de entrenamiento para ir al baño.

Alimentos y líquidos ricos en fibra

Debes tener a mano más líquidos de los que tu hijo suele beber en un día "normal": agua y zumos de frutas naturales.

Orinal o Bacinica

Lleva a tu hijo contigo a comprar el orinal y deja que elija el que más le guste. Lo mejor es empezar con una bacinica que se apoye en el suelo y, más adelante, si quieres, puedes pasar a un reductor que se apoye en el asiento de un inodoro normal.

Puedes llevar el orinal o bacinica contigo, incluso cuando estás fuera de casa. Los niños se sienten cómodos con su orinal, y algunos lo prefieren a usar ante que ir a un baño público cuando están fuera de casa. Intenta averiguar qué es lo que mejor le funciona a tu hijo y hazlo. Al final, tu niño aprenderá a utilizar tanto el orinal como el inodoro.

Lleva a tu hijo a la tienda contigo, deja que se siente en varios orinales (si es posible) y que elija el que quiera. En la medida de lo posible, permítele que te ayude a sacarlo de la tienda, a meterlo en el coche y a dejarlo en el baño cuando lleguéis a casa.

Ropa interior

Deberías tener entre 10 y 20 pares a mano. Lleva a tu hijo a elegir ropa interior para niños grandes, evitando la que sea acolchada.

Para despertar el entusiasmo de tu niño, llévalo de compras una semana antes de los tres días de entrenamiento y deja que elija un par de paquetes de ropa interior. Generalmente, los niños pequeños se entusiasman con la ropa interior de "niño grande" que lleve impreso dibujos de sus personajes animados favoritos.

El entrenamiento de tres días para ir al baño pasa directamente de los pañales a la ropa interior, sin pull-ups (pañales desechables de entrenamiento) como ayuda para el aprendizaje. Esto se debe a que el uso de pull-ups en realidad anima a los niños a orinar en ellos. Estos "calzoncillos desechables" se anuncian como una suave introducción a la ropa interior normal, pero no son realmente eficaces.

Los pañales de entrenamiento pueden parecer útiles al principio, ya que evitan que tengas que lidiar con desastres en el suelo, sofás y otros muebles, pero en realidad confunden a los niños pequeños y les hacen pensar que está bien usarlos como si fueran pañales normales: impiden que los pequeños sientan la humedad de los accidentes, lo que frena el proceso de aprendizaje.

Desgraciadamente, se anuncian regularmente como ropa interior para niños de tres y cuatro años que aún no han aprendido a ir al baño, lo que retrasa aún más el desarrollo de las habilidades de control de las funciones corporales.

Por todos estos motivos, el uso de los pull-ups suele ir en contra del progreso del aprendizaje del baño.

Ropa fácil de llevar

Asegúrate de que el vestuario de tu hijo es adecuado para el aprendizaje de baño. Intenta evitar los monos o la ropa con botones y broches. Las prendas sencillas que permiten al niño desvestirse fácilmente por sí mismo son esenciales en esta etapa del aprendizaje.

Toallitas húmedas para bebés

Puedes guardar toallitas húmedas en el cuarto de baño unos días antes del comienzo del entrenamiento, para que tu hijo sepa que son para él. Las toallitas húmedas ofrecen una limpieza más profunda y delicada que el papel higiénico, pero la mayoría de las toallitas para bebés, así como las toallitas húmedas en general, no están hechas de material biodegradable y no se pueden tirar por el inodoro porque no se desintegran. Existen algunas toallitas húmedas que sí se pueden tirar por el inodoro, pero algunas de ellas contienen agentes limpiadores de uso doméstico que pueden ser irritantes si entran en contacto con los ojos.

También hay formas muy económicas de hacer tus propias toallitas húmedas. Muchas familias han aprendido a crear dos rollos de toallitas húmedas utilizando un rollo de papel de cocina, cortándolo por la mitad y poniendo las dos mitades en remojo en una mezcla de agua, jabón para bebés y aceite de bebé o de almendras. Luego, las toallitas se guardan en un recipiente a prueba de aire y agua y permanecen húmedas durante uno o dos meses. Cuando se mira el coste, tiene mucho sentido, y se puede personalizar el aroma.

Otros hacen sus toallitas caseras reutilizables de tela. Aunque esto puede sonar un poco asqueroso para quienes están acostumbrados a usar toallitas desechables, es una técnica que permite ahorrar dinero y que es mucho mejor para el medio ambiente. Hacer toallitas reutilizables para bebés con el mejor material disponible costará menos de 60 dólares por un juego de 24 paños que te durarán desde el nacimiento hasta el entrenamiento para ir al baño. Las toallitas tradicionales suelen costar unos 4 dólares por un paquete de 80, que pueden durar sólo siete días, lo que supone un gasto total de 208 dólares al año.

—

Cuando haces tus toallitas para bebés, sabes exactamente lo que hay en la solución jabonosa, así que sabes lo que toca la piel de tu hijo. En lugar del alcohol, la fragancia y el cloro que normalmente se encuentran en las toallitas tradicionales, las hechas a mano pueden elaborarse con sustancias totalmente seguras y con papel de cocina. Las toallitas caseras son bastante duraderas y son las que menos perjudican la piel de tu hijo.

Suministros de limpieza

También necesitarás tener a mano suministros para limpiar los pequeños accidentes, por ejemplo, trapos de limpieza, jabón o desinfectante y un cubo de plástico.

Capítulo 7. El programa de 3 días

Si tienes suerte, tu hijo aprenderá a ir al baño solo. Esto a veces ocurre cuando le has preparado de la forma que acabamos de explicar. Puede que se dé cuenta de para qué sirve el orinal o bacinica, que quiera ser independiente y que empiece a usarlo sin ningún tipo de indicación. Sin embargo, para la mayoría de los padres y las madres, esto es tan sólo un sueño.

Unos días antes

Como hemos dicho, compra a tu hijo ropa interior de verdad. Durante un tiempo, es conveniente utilizar pull-ups por la noche para asegurarse de que no se produzcan accidentes y que no moje la cama. Sin embargo, debes ponerle ropa interior durante el día. No utilices un pull-up durante el entrenamiento para ir al baño. Sólo dificultará el proceso. Poner a tu hijo en ropa interior le hará sentirse como un niño grande y hará que sea más probable que vaya al baño sólo para así poder seguir utilizando esta nueva prenda.

Así que déjale entusiasmarse permitiéndole elegir ropa interior de diferentes colores, temas o personajes de dibujos animados.

También debes prepararte y comprar limpiadores para las alfombras y los muebles. Es muy probable que tu hijo tenga algunos accidentes durante el periodo de aprendizaje para ir al baño. Tienes que estar preparado para limpiarlos: consigue limpiadores que actúen sobre las manchas de proteínas o algo que esté pensado para quitar las manchas de las mascotas.

Siempre tienes que mantener a estos productos fuera del alcance de tu niño, pero tu necesitarás tenerlos a mano junto con algunos trapos blancos limpios para poder limpiar enseguida y así prevenir manchas y olores.

La noche anterior

Al acostar a tu hijo, dile que mañana es un día muy importante. Mañana empezará a usar el orinal. Haz que suene divertido y emocionante. Hazle saber que le vas a dar ropa interior de verdad para que la use, y enséñasela. Incluso si te ha ayudado a elegirla, recuérdaselo y enséñasela de nuevo. Remarca que mañana es un día importante y que debe descansar para aprovecharlo al máximo.

Día 1

En cuanto tu hijo se levante de la cama, ponle un par de calzoncillos. Llévalo inmediatamente al orinal y deja que intente hacer pis. Si no lo consigue, elógialo mucho y haz que se sienta feliz y emocionado por haberlo intentado.

Si tu hijo sigue un horario rutinario y suele ir al baño a las mismas horas del día, te resultará mucho más fácil saber cuándo tienes que invitarle a ir al orinal o bacinica. Cuando llegue esa hora, haz que perciba tu emoción: "¿Sabes qué hora es? Es la hora de usar el orinal. ¿Estás listo para usar el orinal? ¡Vamos!".

Gracias a tu preparación, tu hijo también debería saber qué siente al necesitar ir al baño. Sin embargo, puede que esto no le resulte tan evidente el primer día. Puede que le dé vergüenza ir a la bacinica que piense que puede esperar porque no se da cuenta de lo rápido que la sensación de necesitar ir se convierte en ir de verdad. No obstante, cada vez que tu hijo crea que necesita ir al orinal, anímale y ve con él.

Cada vez que tu hijo se siente en la bacinica pero no vaya, mantén intacta tu actitud positiva. Ayúdale a seguir entusiasmado con la idea de usar el orinal. Es muy importante que no pierda este optimismo y se frustre. Tú también debes mantener la calma y la actitud positiva, y no venirte abajo, incluso si tu hijo ensucia y tu tienes que acabar limpiando. Tu hijo percibirá tu frustración y eso arruinará todo el proceso.

Cuando tu hijo tenga un accidente, hazle saber que no pasa nada. Llévale inmediatamente al baño y pídele que se siente en el orinal o bacinica. Pregúntale si sabe que es ahí donde debe hacer sus necesidades. Probablemente te dirá que sí. Si consigue hacer un poco más de pis, algo que podría pasar si ha ido al orinal solo darse cuenta de lo que estaba ocurriendo, elógialo aunque no haya llegado a tiempo.

Mándale a jugar mientras tú limpias para que no se dé cuenta de la molestia que te ha causado.

Tanto que tu hijo vaya al baño solo como que lo haga gracias a tus recordatorios, debes elogiarle continuamente y mostrar todo tu entusiasmo. Puedes incluso inventar un grito o una canción para cantarle cada vez que consiga ir al baño... también puedes hacer un pequeño baile! Cualquier cosa que le ayude a sentirse feliz y emocionado con la idea de usar el baño como un niño mayor.

Cuando llegue la noche, ponle un pañal de entrenamiento y dile que quieres asegurarte que duerma tranquilo para que pueda volver a hacerlo igual de bien por la mañana. Repasa los éxitos del día y dile que sientes mucho orgullo por sus esfuerzos. Hazle saber que mañana será aún mejor, y mantén la ilusión mientras le arropas.

Pañales de entrenamiento o Pull-Ups

¿Qué son? ¿No dijimos que no los utilizaríamos de día? Son pañales especiales que tu niño puede llevar por la noche para ayudarle a dejar de mojar la cama después de varios meses de uso.

Se trata de una de las varias herramientas que utilizan los profesionales médicos cuando tratan con padres de niños que mojan la cama.

¿Cómo funcionan? Funcionan dando "una sensación de sequedad" cuando tu hijo se hace pis encima: es un dispositivo estimulante pero menos que un pañal normal.

¿Cuándo debemos utilizar los Pull-ups o los pañales de entrenamiento? Los médicos recomiendan utilizar estos dispositivos cuando el niño se acuesta por la noche y hasta que sea capaz de permanecer seco hasta la mañana siguiente. En promedio, esto podría tardar alrededor de 4-6 meses.

Día 2

Una vez más, en cuanto tu hijo se levante, ponle la ropa interior y llévalo al baño. Ahora que sabe que va a ir al orinal o bacinica enseguida, es posible que, por primera vez, aguante el pis cuando se despierte para poder volver a sentir esa sensación de logro. Se trata de una muy buena señal.

Hoy debes asegurarte de que tu hijo sepa subirse y bajarse su ropa interior. También debes enseñarle a limpiarse con papel higiénico o toallitas húmedas. Deja que hoy intente ser más independiente. Aunque debes seguir sugiriendo el uso del orinal con frecuencia, no le lleves al baño a menos que él lo pida o que sepas que está a punto de ir. Esto le ayudará a asociar la sensación con la necesidad de ir al baño y a acostumbrarse al tiempo de que dispone entre esa sensación y el hecho real.

Sigue emocionándote por tu y con hijo. Ayúdale a mantenerse positivo y entusiasmado con el uso del orinal para que siga en el buen camino. Es mucho más fácil que un niño pequeño recuerde lo que debe hacer y que no se desvíe del camino si está entusiasmado con ello.

Día 3

Hoy es el día en que tu hijo va a ir al baño solo. Esta mañana dile que se quite el pañal y que vaya al baño. No entres con él, sino deja que lo haga todo por sí mismo. Cuando haya ido, se emocionará y saldrá corriendo a decírtelo. Esta es tu oportunidad de emocionarte junto a él.

Hoy tu hijo sabrá cuándo tiene que ir al baño. No intentará aguantarse, sino que irá inmediatamente en cuanto sepa que tiene la necesidad. Probablemente te dirá algo como: "Hola, mamá. Es hora de ir al orinal" y correrá hacia el baño, esperando que tu le sigas. Hazlo, pero no entres en el baño. Quédate en la puerta y deja que sienta la independencia de usar la bacinica por sí mismo. __

Es posible que hoy tu hijo no tenga ni un solo accidente. Incluso si tiene uno o dos, tómatelo con tranquilidad. Incluso los niños entrenados para ir al baño se desvían, sobre todo cuando están absortos en el juego o en un programa de televisión, y se olvidan de ir al baño. Los accidentes ocurren. Mientras no haya más de dos accidentes durante el día, y sus motivos sean evidentes, no te lo tomes como una mala señal.

Al final del día, tu hijo irá al baño como un profesional. No necesitará tu ayuda, y puede que ni siquiera la quiera. Incluso puede que te pida que te vayas, porque tiene que ir al baño. Es importante que le des esta independencia. Es la fuerza motriz que le hará seguir usando el orinal y sentirse orgullosos de su capacidad para hacerlo.

Al final de este día, muy probablemente tu hijo habrá dejado de usar el pañal para siempre. Es posible que siga utilizando un pull-up durante un par de semanas o algunos meses por la noche hasta que se acostumbre a despertarse para ir al baño. Esto puede llevar más tiempo que los tres días del entrenamiento, y algunos niños necesitarán pull-ups nocturnos hasta un año más. Pero a partir de aquí, el trabajo más importante estará hecho.

Capítulo 8. La siesta y el entrenamiento nocturno

Prepárate

La clave del entrenamiento nocturno para ir al baño es una combinación de paciencia, práctica y compromiso. Asegúrate de tener la mentalidad adecuada antes de empezar. El proceso completo puede durar mínimo un par de semanas y a veces será complicado y estresante. Pero, por desgracia, no hay una solución rápida. Si mantienes una actitud positiva, seguro que las cosas irán mejor de lo que te esperas.

El proceso

Para que tu hijo tenga la mejor experiencia posible en el aprendizaje nocturno para ir al baño, es útil entender primero cómo progresa su desarrollo en la eliminación de residuos.

La progresión natural

Las etapas del desarrollo en cuanto a la eliminación de residuos son las siguientes:

1. Control intestinal nocturno

2. Control diurno de la vejiga/del intestino

3. Control nocturno de la vejiga

Además, todos los niños suelen pasar por estos pasos a medida que adquieren el control nocturno de la vejiga:

1. Orinar durante el sueño sin darse cuenta

2. Despertarse después de haber orinado

3. Despertarse después de haber empezado a orinar, o mientras todavía lo hacen

4. Despertarse cuando sienten la necesidad de orinar antes de haber empezado a hacerlo y luego ir al orinal

5. Dormir toda la noche sin tener que orinar

Al ver que estas cosas empiezan a suceder, puedes tener la tranquilidad de que se están haciendo progresos.

Preparación del entrenamiento

En primer lugar, elije una semana que te resulte conveniente para comenzar el proceso de entrenamiento nocturno. No elijas un momento en el que tu pareja esté fuera de la ciudad por trabajo, justo antes de una mudanza, cuando tengas familia de visita, etc. En la medida de lo posible, no querrás añadir estrés o alteraciones a la situación.

También es útil explicarle todo a tu hijo con antelación. Lo mejor es que te tomes una semana para preparar a tu niño contando en el calendario los días que faltan para dejar los pañales por la noche. Esto no sólo ayuda a que se dé cuenta de que la rutina normal del orinal está a punto de cambiar, sino que también le hará entender que puede lograrlo.

Qué hacer la primera noche

Adiós a los Pull-Ups

La mañana de la primera noche, pídele a tu hijo se quite el pañal mojado, que lo tire a la basura y le diga "Adiós". Haz que se entusiasme desde el principio.

Empodera a tu pequeño

Dile que hoy nos despedimos de los pañales, incluso por la noche. Es un día muy importante: se está convirtiendo oficialmente en un niño grande.

Que duerma desnudo

O al menos sin la parte de abajo de su pijama, durante las primeras 5 noches. Tu hijo tiene que darse cuenta de que ya no va a haber nada ahí para "atrapar" el pis. Y cuando duerme, la sensación de comodidad de la ropa interior se confunde fácilmente con un pañal. Si tu hijo se siente incómodo sin ropa interior, permítele llevar una camiseta larga.

Prepárate

O bien tienes un orinal o bacinica en la habitación de tu hijo o te aseguras de que pueda llegar al baño más cercano por sí mismo. En cualquier caso tiene que tener a su alcance una luz nocturna, lo suficiente fuerte para que pueda ver, pero no para que se despierte del todo.

Limita los líquidos

Asegúrate de limitar lo que tu hijo vaya a beber al menos 2 horas antes de que vaya a la cama. En el caso de los niños acostumbrados a tomar leche o agua antes de ir a dormir, prueba a reducir la cantidad que toman normalmente a la mitad. En general, es el hábito de beber en sí, más que la cantidad.

Doble vacío

Haz que tu hijo vaya al baño al principio de su rutina para ir a dormir (Ejemplo: antes del baño o de lavarse los dientes) y luego otra vez justo antes de meterse en la cama. Este proceso ayuda a que la vejiga esté lo más vacía posible antes de ir a dormir.

A lo largo de la semana

Debes animar a tu hijo y recordarle constantemente, siempre sin regañarlo, que sólo se hace pis y caca en el orinal y no en la cama.

Tu hijo necesita una atención extra esta semana, y se la merece porque está a punto de hacerte la vida mucho más fácil.

Éxito

A lo largo del proceso de entrenamiento es importante elogiar cualquier éxito medible. Si tu hijo se despierta a las 10 de la noche para ir al orinal y está seco, elógialo. Si se mantiene seco durante la siesta, elógialo. Sin embargo, es conveniente que los elogios sean mínimos durante la noche y que dejes la mayor parte de ellos para la mañana, para que tu hijo pueda volver a dormirse fácilmente. La idea principal es que quieres que tu hijo se sienta orgulloso de sí mismo y que sepa que puede conseguirlo.

Si tu hijo pasa toda la noche sin tener accidentes, ten preparada una celebración especial, ya sea su desayuno favorito o una actividad especial para ese día, algo que premie su gran progreso.

Accidentes

Es inevitable que tu hijo moje la cama al menos una vez. Es importante recordar que no hay que regañar en absoluto. Recuérdale que no es culpa suya. Sé paciente, tranquilízale y hazle saber que la próxima vez que sienta que tiene que ir solo tendrá que hacerlo en el orinal.

Si se despierta por otras razones, anímale en cualquier caso a sentarse en la bacinica para vaciar la vejiga por completo. Si lo hace, aunque sean una o dos gotas, elógialo. Y recuerda siempre que la progresión natural es una mejora.

Capítulo 9. La importancia de la comunicación en el entrenamiento para ir al baño

Cuando se trata del entrenamiento para ir al baño, los padres suelen preguntarse qué palabras deben utilizar con sus hijos. ¿Es apropiado utilizar términos como orina o defecación, o hay que usar palabras más informales como pipí y caca?

¿Utilizar un lenguaje correcto o uno bonito?

El uso de la palabra clínicamente correcta para referirse a una parte del cuerpo y a los desechos depende en gran medida de ti y normalmente tiene que ver con tu historia familiar. Los padres que en su infancia usaron caca y pis probablemente usarán los mismos términos con sus hijos. No hay nada malo con ninguna de las dos opciones. No vas a hacerle daño a tu hijo si utilizas palabras infantiles y con el tiempo aprenderá los términos adecuados y también una jerga que probablemente te hará estremecer. Llamar a su pene "pipí" ahora no va a afectar a eso.

Asimismo, también puedes utilizar los términos adecuados si así lo deseas. Al enseñar a tu hijo las dos palabras, puedes creer que lo confundirás, pero es todo lo contrario. Le estás proporcionando diferentes formas de expresarse y mucho vocabulario para cuando lo necesite.

Si tu hijo va a la guardería, puedes preguntar a su profesora qué tipo de lenguaje para ir al baño utilizan y ceñirte a ello si quieres. Eso puede ayudar a evitar cualquier confusión entre los adultos, aunque no implica ser rígidos a la hora de elegir las palabras "correctas".

Nuevas palabras

Como acabamos de decir, no hay palabras correctas o incorrectas para el proceso de eliminación; algunos padres optan por utilizar palabras más coloquiales, otros prefieren ser más técnicamente correctos y utilizan términos como orinar o defecar.

Ahora que ha pensado en las funciones corporales, puede pensar en cómo llamar a las partes del cuerpo. Esta es otra área en la que se utilizan con frecuencia palabras coloquiales cuando los niños son bebés y niños pequeños. Las niñas utilizan palabras como "chochete" para referirse a la vagina.

Si decides utilizar este tipo de palabras, es importante que también enseñes a tu hijo la terminología correcta una vez que esté en edad escolar. En su primera fiesta de pijamas, una niña de segundo grado puede sentirse avergonzada de decirle a la madre de su amiga que le duele el "chochete" si no conoce la forma exacta de decirlo.

Otros padres pueden no estar dispuestos a que sus hijos jueguen con un niño que utiliza esos términos. La mayoría de los niños pequeños, en algún momento, ejercitan sus habilidades para sobrepasar los límites volviéndose descarados. Después de una larga semana en la guardería, tu hijo puede llegar a casa y llamarte "cabeza de caca" mientras se ríe incontroladamente. Tu trabajo consiste en mantener la calma, la tranquilidad y la serenidad. (Con suerte, lo ha hecho mientras conduces, de modo que no puede ver tu expresión de consternación).

Este es el momento de poner en práctica tus mejores dotes de actor o actriz. Respira hondo antes de responder, porque es más probable que lo vuelva a intentar si respondes con sorpresa o enfado. Aunque no quieras responder ni con risas ni con rabia, sí quieres dirigirte a tu hijo pequeño para decirle que este lenguaje no es aceptable fuera del cuarto de baño.

Puedes hacer que tu hijo repita todos los términos de la "bacinica" que conoce para así insistir en que las palabras de su lista sólo deben usarse en el baño. De esta forma, tu hijo ahora conoce los límites cuando se trata de "hablar del orinal", y también sabe que le quieres lo suficiente como para tener paciencia en lugar de castigarle por algo que no tenía ni idea de que estaba tan mal.

Supongamos que tu hijo sigue utilizando un lenguaje inapropiado o insultando a la gente. En ese caso, es importante ser muy firme al explicarle qué palabras o nombres son ofensivos. También es importante empezar a hablarle de los sentimientos de los demás, así que hazle saber lo mucho que te duele cuando te insulta. Hazle saber que su comportamiento no es aceptable y ofrécele palabras o frases alternativas que pueda utilizar cuando esté enfadado o frustrado.

Por ejemplo, puedes decirle que está bien decir cosas como "Eso me enfada" o "Estoy enfadado contigo". Asegúrale que estar enfadado o frustrado está bien, pero que debe ser amable con los demás.

El lenguaje no debe ser motivo de vergüenza

La confusión se producirá si decides desaconsejar o eliminar ciertas palabras o si le transmites una emoción negativa. Si te sientes incómodo con una palabra que tu pareja utiliza, puedes tomarte un momento para averiguar por qué. ¿Crees que es vergonzoso o sientes vergüenza por determinadas palabras aunque no sean palabras ofensivas y la mayoría de la gente las considere apropiadas para que se usen en público? Recuerda que puedes transmitir fácilmente esta sensación a su hijo, sobre todo si discutes con tu pareja al respecto o le corriges delante de él.

Tienes que asegurarte que tu hijo se sienta cómodo hablando de todos los aspectos relacionados con el uso del baño a tu alrededor, y es probable que le resulte más fácil y cómodo decir "caca, me duele" en lugar de "tengo dificultades para defecar". Esto es especialmente cierto cuando sus habilidades lingüísticas aún no están del todo desarrolladas.

El lenguaje del orinal debería ser "Apto para Todas las Edades"

Si las palabras que tu o tu pareja utilizáis son inapropiadas y no las usaríais, por ejemplo, con otras madres o delante de otros niños pequeños, probablemente deberíais encontrar términos más apropiados. Enseñar a tu hijo una palabrota no tiene nada de bonito ni de positivo para su desarrollo. Y también es muy difícil enseñarle a tu hijo que está bien decir una palabra en casa, pero que no puede usarla en público.

Si tu hijo ya ha empezado a utilizar palabras que podrían recibir una calificación R, ponle freno en cuanto puedas. Pero hazlo explicando y no prohibiendo esa palabra, ya que esto suele empeorar el problema y provoca que tu hijo se sienta más atraído y más propenso a utilizarla: la fruta prohibida es la que más dulce sabe.

¿Qué acaba en el retrete?

La orina es el líquido que producen los riñones después de haber limpiado la sangre. Este líquido de desecho sale de los riñones y llega a la vejiga y sale del cuerpo a través de la uretra. La mayoría de los adultos no utilizan la palabra uretra. En los niños, la uretra es el tubo que pasa por el pene. En las niñas se vacía en el espacio que hay delante de la vagina, por lo que no se ve fácilmente. De hecho, hay muchas mujeres adultas que ni siquiera saben exactamente por dónde sale su orina. El acto de vaciar la vejiga se conoce como micción.

El término excremento o heces se refiere a los residuos sólidos que viajan a través del tracto intestinal y salen por el recto. Es lo que sobra una vez que el cuerpo ha eliminado todo lo que necesita de los alimentos. La defecación es el acto de vaciar los intestinos.

Hay muchos términos exactos y coloquiales que se pueden utilizar para describir lo que se echa al retrete. Probablemente, tu familia ya tiene sus propios favoritos.

Hay otras tantas palabras que pueden utilizarse para describir la habitación donde está el inodoro. Es posible que, durante su entrenamiento, tu hijo utilice un orinal que se encuentra en un espacio diferente, pero debe saber cómo tiene que llamar la sala de baño cuando esté en otro lugar. Algunas palabras son: Lavabo, Inodoro, Habitación de las niñas o de los niños, Baño, Sala de baño.

En general, lo más importante es que te asegures de que las palabras para la bacinica sean sencillas. Y, por supuesto, evita utilizar palabras que no quieres que tu hijo use. Asimismo, debes intentar que todas las personas implicadas en el entrenamiento para ir al baño sepan qué palabras has decidido emplear.

Cómo manejar la charla sobre el orinal

La mayoría de los niños y niñas pasan por una fase en la que les gusta utilizar todas las "palabras de orinal" que han aprendido de sus padres. Esto es completamente normal, y es mejor si tienes un buen sentido del humor para manejarlo.

Nadie sabe por qué los niños pasan por esta fase. Una de las teorías es que, a medida que crece su conciencia sobre sí mismos, se vuelven más conscientes de las partes del cuerpo suyas y de los demás, y sienten mucho interés por ellas. Pero los adultos no suelen hablar de ciertas partes del cuerpo, a la mayoría de hecho no les gusta hacerlo.

Por eso, los niños sienten que tienen que crear un "ambiente de fiesta" para sacar este tema y poderlo afrontar. Si los padres fueran más abiertos y receptivos al respecto, quizá los niños no tendrían esta necesidad.

Sea cual sea el motivo, tu hijo llegará a esta etapa, pero es posible que tu no estés en condiciones de manejar sus preguntas o su constante uso de ciertas palabras de la forma más tranquila. Es una buena idea entonces hablar con tu pareja u con otro familiar para que te ayude a jugar con él y a mantener esta conversación de forma serena. Ten en cuenta también que compartir con tu hijo tus recuerdos de cuando crecías, descubrías las partes de tu cuerpo y empezabas a ir al baño de manera independiente, es una excelente manera de normalizar este tema: nuestro hermetismo es a menudo un rasgo heredado.

No debes hacer que dejen de divertirse con la bacinica. Los niños necesitan tener esta salida para trabajar sus sentimientos de vergüenza y el interés que sienten por las partes de su cuerpo. La risa les ayuda a deshacerse de la tensión que tienen, o que tienen otros, en torno a esta función corporal. Siempre es positivo reservar un tiempo especial cada día para divertirte con tu hijo, bromear y reírte de esas cosas embarazosas. Esto les enseñará que es el único momento en el que deben hacerlo, y les ayudará a conectar.

Cuando tu hijo intente escandalizarte utilizando la palabra "vagina", síguele el juego. Haz cosas que sepas que le harán reír. A los niños les encanta que un adulto se una a su juego con entusiasmo. Puedes inventar una canción divertida que cantes con tu hijo y que utilice el lenguaje del orinal o bacinica. También puedes modelar cómo te gustaría que actuara. Si hay una palabra concreta que tu niño usa mucho, por ejemplo, "culo", puedes convertirla en un juego completamente diferente.

Cuando diga "culo", puedes replicar: "Otra vez la palabra "culo". Creo que voy a tener que acercarme y besarte si vuelves a decir culo". Cuando lo haga, porque lo hará, corre hacia él y empieza a besarle. Esto puede convertirse en un juego de persecución, lo único es que tu hijo debe saber que no se podrá jugar en público.

Tampoco tienes que preocuparte de que tu hijo te pierda el respeto cuando juegas con él de esta manera. Le estás mostrando amor, diversión y cooperación. No es el tipo de relación "yo soy el adulto poderoso y tú tienes que hacer lo que yo diga" que algunos padres piensan que tienen que fomentar. Está bien tener una relación del tipo "veo que sientes algo de tensión por este tema, y te ayudaré a llevarlo de una forma más serena".

Es una buena idea dejar que las bromas y los juegos sobre el orinal sigan hasta que tu hijo domine el uso del mismo, porque intervenir antes podría acabar desanimándole a usar el baño o a comunicarse contigo cuando necesite ir. Cuando reaccionas con vergüenza o enfado al escuchar una broma sobre la caca, le estás diciendo a tu hijo que lo que hace con su cuerpo es vergonzoso.

Hay dos cosas que debes asegurarte de cubrir cuando se trata de hablar sobre el orinal. En primer lugar, asegúrate de que tu pequeño entiende que hay un momento y un lugar para hablar de la bacinica. Las conversaciones sobre este tema se hacen en casa y no en público. En segundo lugar, asegúrate de que estas bromas no se conviertan en insultos. Si tu hijo pasa de hacer chistes sobre la caca a llamar a alguien "cabeza de caca", entonces ha entrado en el terreno de los insultos. Aquí es donde tienes que intervenir y hacerle entender que los insultos son malos, que no debería hacerlo, e intentar averiguar por qué ha sentido la necesidad de llamar a alguien "cabeza de caca".

En general, es importante, y bueno, que te rías durante esta etapa. Tu hijo está aprendiendo algo nuevo y está orgulloso de ello. Interviene sólo cuando sientas que está llevando las cosas demasiado lejos.

Capítulo 10. Volver a la guardería

Para un padre o una madre que cuida de la casa a tiempo completo, la idea de dejar a un niño pequeño a otro cuidador durante el día mientras aprende a utilizar el orinal puede parecer muy atractiva: hay otra persona que puede limpiar el suelo y aliviar parte de la tensión. Sin embargo, a los padres que trabajan les suele preocupar que, al "dejar" a su hijo, se echen a perder todos los progresos realizados en el baño durante el fin de semana.

La buena noticia para estos padres es que recientes investigaciones no han encontrado diferencias en el aprendizaje de los niños para ir al baño, tanto si tienen padres que trabajan y están en una guardería a tiempo completo como si son atendidos en casa.

Consejos para el éxito

Puedes hacer tu vida y la de tu hijo que está en la guardería más fácil con los siguientes consejos (la mayoría de ellos también son válidos si tu hijo está siendo cuidado por una niñera):

Hablemos de ello

Antes de embarcarte en el proceso de entrenamiento de baño, merece la pena hablar de la política de la guardería con el personal. Debes saber lo que planean y que ellos conozcan tus sentimientos y las preferencias que tienes para tu hijo.

Algunas de las preguntas que puede hacer son:

- ¿Cuándo suelen ir los niños al baño en la guardería?
- ¿Prefieren que los niños lleven pañales o ropa interior de verdad?
- ¿Tendrá mi hijo un cuidador especial que le apoye y detecte si necesita usar el orinal?
- ¿Dónde guardan las bacinicas?
- ¿Qué hacen si un niño tiene un accidente?
- ¿Podrás hablar a diario con alguien sobre cómo han ido las cosas?
-

Los compañeros

Los niños pequeños que acuden a una guardería disfrutan de una importante ventaja, porque suelen haber muchos otros niños alrededor suyo que acaban de aprender o están aprendiendo a ir al baño. Observando a sus amigos, tu hijo pronto se dará cuenta de lo que debe hacer. También es posible que le apetezca ser "mayor" e ir al baño como todos los niños y niñas mayores de la guardería.

Buscar la coherencia

El aprendizaje para ir al baño es un trabajo compartido, y tu hijo debe recibir el mismo mensaje en casa y en la guardería. La comunicación es la clave: asegúrate de que el personal de la guardería sabe lo que haces en casa y viceversa. Si todos los niños de la guardería hacen pis y se lavan las manos antes de la comida, te ayudará seguir esa misma rutina los fines de semana.

Del mismo modo, ayudarás al personal si intentas engendrar un poco de independencia en tu hijo. Llevarle al orinal, bajarle los pantalones, limpiarle el trasero y volver a vestirle es lo que todo progenitor hace en casa, pero puede resultar menos práctico y factible en el entorno de una guardería - así que, sobre todo en el caso de un niño algo más mayor, es bueno animarle a hacer las cosas por sí mismo y elogiarlo si lo consigue.

Proporciona varias mudas de ropa

Muchos padres conocerán la decepción que se siente cuando, al salir de la guardería, tu hijo parece un niño de la calle, vestido con un surtido desordenado de ropa que desentona completamente. Esta es una señal muy clara de que el pequeño ha tenido un día espectacularmente infructuoso en el entrenamiento para ir al baño, que las cuidadoras no han encontrado ningún recambio en la bolsa de ropa que le has proporcionado, y que finalmente le han tenido que vestir con prendas del armario de emergencia de la guardería. Pero esto es algo fácilmente evitable: pon en su mochila varias mudas de ropa para que siempre haya suficientes para cualquier eventualidad.

Intenta no culpar a nadie

Puede ser muy molesto encontrar una bolsa llena de ropa maloliente colgada en el gancho de tu hijo en la guardería. Y es tentador culpar a la guardería porque "nunca tiene accidentes en casa". Sin embargo, antes de irrumpir con toda la artillería para acusar a las profesoras de descuidar a tu hijo, asegúrate de estar en lo justo.

Asegúrate de cuántos accidentes tiene realmente en casa y luego ve a la guardería para ver si tú y el personal podéis averiguar juntos qué está fallando. Recuerda que hay algo especialmente gráfico en encontrar y ver todos los accidentes juntos en una bolsa de ropa sucia al final del día. En casa, es mucho más fácil olvidar los charquitos en el suelo de la cocina cuando el niño no llevaba pantalones, o en esa ropita que ha ido directamente a la lavadora.

Pon etiquetas a la ropa

Habrá accidentes, y es poco probable que el personal de la guardería pueda recordar qué niño llevaba cada pantalón, así que facilítales las cosas y evita que la ropa de tu hijo se pierda etiquetándola toda con claridad.

Capítulo 11. Consejos para que el entrenamiento para ir al baño se lleve a cabo sin presión y sin estrés para toda la familia

Hay varias cosas que cada padre puede hacer durante el entrenamiento para ir al baño para que la experiencia sea más divertida y agradable para su hijo. Esto ayuda al niño a comprender el proceso más rápidamente, y a sentirse más comprometido. Entre ellas se encuentran:

• **Tablas de incentivos para el control de esfínteres**. Esta es una de las estrategias más utilizadas por los padres para animar a sus hijos. Puedes pegar una tabla en el baño o en la habitación del niño. En el gráfico debe haber una tabla de incentivos para el entrenamiento para ir al baño.

Tendrás que comprar pegatinas divertidas en una tienda. Cada visita que tu hijo haga a la bacinica le hará ganar varias pegatinas, que pegarás en la tabla de incentivos.

Cuando las pegatinas lleguen a un número determinado, como por ejemplo 5, el niño será recompensado por su esfuerzo. Este premio o recompensa puede ser un pequeño juguete, una galleta o cualquier cosa que le guste al niño.

• **Blancos para el orinal**. Las tiendas para niños tienen dianas para tirar al retrete y tienen forma de cosas divertidas, como animales. Estas dianas son pequeñas y no afectarán a la fontanería si esto te preocupa.

Esta es una forma estupenda, sobre todo para los niños, de apuntar correctamente mientras utilizan el orinal o en el inodoro. Así que cuando tu hijo sienta la necesidad de ir al baño, coloca estas dianas en la bacinica o en el retrete y verás lo bien que se lo pasará apuntando hacia ellas mientras orina.

Si no consigues encontrar las dianas en las tiendas, considera la posibilidad de utilizar trozos de cereales, especialmente los redondos. Esto hará que orinar sea más divertido.

- **Taburetes de plástico**. Son una forma genial de ayudar a tu hijo a orinar en el orinal grande, que es el inodoro. Esto también resultará en una ventaja para ti, ya que habrá menos salpicaduras en comparación con el orinal o bacinica.

Los taburetes de plástico también son muy ligeros, y tu hijo podrá moverlos de un lado a otro, desde el inodoro hasta el lavabo, donde podrá lavarse las manos con facilidad. Se trata de un pequeño paso, pero de un salto de gigante para que el niño haga las cosas por sí mismo, como a todos les gusta.

- **Otro truco que algunos padres utilizan es añadir colorante alimentario al agua del orinal o del inodoro justo antes de que el niño vaya a hacer pis**. El color de los alimentos suele cambiar a verde cuando el niño vacía la vejiga en la bacinica.

Este cambio de color suele asombrar a los niños, por lo que están más interesados en probarlo repetidamente. Esta es una forma inteligente y divertida de asegurarte de que tu hijo haga pis en el orinal.

—

• **Orinales de viaje**. Hoy en día hay varios orinales en el mercado. Algunos están diseñados para facilitar el transporte y los viajes: con ellos no tendrás ningún problema aunque salgas de casa con tu hijo.

Aunque estés en la iglesia, en el parque o de excursión, no tienes que preocuparte de que tu pequeño haga ningún desastre. Sólo tendrás que llevar la bacinica de viaje y utilizarla cuando el niño tenga ganas de orinar o de hacer sus necesidades.

• **Música**. Hay varias canciones que se pueden utilizar para motivar al niño a lo largo del entrenamiento para ir al baño. También puedes crear una canción que le ayude a relajarse cuando esté sentado en el orinal para que haga sus necesidades con mucha más facilidad.

Asimismo, ayuda mucha inventar una canción para cantar después de que tu niño diga que ha conseguido la gran tarea. Esta canción ofrecerá elogios, algo a lo que la mayoría de los niños responden de forma muy positiva. También existen bacinicas en el mercado que empiezan a "cantar" cada vez que el niño se sienta en ellas. Esto hace que el proceso sea más divertido y que el niño disfrute de forma natural del aprendizaje de baño.

• **Pon el niño al mando**. Esto suele ayudar a los niños a los que les gusta hacer las cosas a su antojo. Puedes empezar estableciendo recordatorios de media hora y preguntando al niño si necesita usar el orinal. Él te dirá si lo necesita. Si no, espera un poco más.

Algunos niños también prefieren que se les deje quitarse la ropa y usar la bacinica. Con el tiempo, a medida que crecen, algunos se vuelven más sensibles y te pedirán que les abras la puerta. Mantén la puerta abierta ya que les ayuda a sentirse tranquilos. Otros en cambio, preferirán cerrar la puerta y poder tirar ellos mismos de la cadena.

Deja que lo hagan, ya que esto les proporciona una sensación de logro. En definitiva, deja que tu hijo tome las riendas una vez que le haya cogido el tranquillo.

- **Deja de usar pañales**. Aunque tu niño vaya creciendo y haya completado el entrenamiento, todavía podrás tener la tentación de dejarlo en pañales todo el tiempo. Si te preocupan los muebles y las alfombras, puedes forrarlos con plásticos de pintor para facilitar la limpieza en caso de accidente.

Como ya hemos dicho, también hay que evitar el uso de pañales de entrenamiento durante el día, ya que los niños no se sienten incómodos con ellos y, por lo tanto, el entrenamiento para ir al baño puede llevar más tiempo.

En el caso de las niñas, será más fácil que lleven vestidos: con esta prenda será muy sencillo y rápido sentarse y usar el orinal.

- **Ropa Interior:** La mayoría de los niños están deseando tener braguitas o calzoncillos puestos. Deberías llevar a tu hijo de compras para que elija un conjunto de calzoncillos que le llamen la atención. Lo más divertido suele ser elegir ropa interior con sus personajes favoritos.

Esto ayudará a tu hijo a darse cuenta de cuándo se moja y a intentar utilizar siempre la bacinica. Recuerda siempre a tu niño que no debe mojar a su personaje de cuento favorito.

Capítulo 12. Entrenamiento para ir al baño fuera de casa

Cuando entrenas a tu hijo a usar el orinal lo haces dentro de casa, pero... ¿qué pasa si tu niño no está en casa? ¿Y si sales con él? Tiene ganas de hacer pis o caca, pero como los estás entrenando para usar el orinal, no puedes llevar pañales. Así que esta es la pregunta que debes hacerte, ¿qué pasará si el niño no está en casa y necesita hacer pis o caca? Hablemos de cómo podrías manejar el entrenamiento de baño incluso lejos de tu hogar.

La mayoría de los padres entrenan a sus hijos a usar la bacinica en casa, y se sienten seguros de sí mismos, pero fuera las cosas pueden cambiar. Un gran número de madres y padres suelen reservar una semana completa para entrenar a sus hijos para ir al baño sin salir en absoluto, pero esto a veces sencillamente no es posible: aunque los accidentes vayan a suceder, no te lo tomes como algo malo sino intenta sacar lo mejor de lo que has aprendido en esa particular situación.

En el coche

El entrenamiento para ir al baño en el coche puede ser un reto, ya que el niño está lejos de su entorno familiar. Tanto si se trata de un viaje corto como de uno largo, es importante prepararse para lo inevitable, porque el niño puede sentir la urgencia de hacer sus necesidades en el momento más inesperado. Aunque puede que tú y tu hijo viváis esta situación de forma diferente, la clave es la adaptabilidad.

Algunos padres optan por usar pañales cuando están de viaje. Si has llegado hasta aquí, ya sabes que no te aconsejo que lo hagas, ya que sería volver a la casilla de salida. Sin embargo, lo lógico sí es utilizar pañales si tu hijo es todavía muy nuevo en el aprendizaje de baño y acaba de empezar su entrenamiento.

Hay otras formas de prepararte a ti mismo y al niño para los viajes por carretera. En primer lugar, debes mentalizarte para cualquier posibilidad. Que no te sorprenda si el niño dice de repente que tiene que hacer pis. Antes de salir de casa, explica a tu hijo que vais a dar un paseo y anímale a hacer pis si lo necesita. La comunicación es un aspecto importante del entrenamiento para ir al baño y es necesario hacer partícipe al pequeño de cualquier decisión que vayas a tomar.

Para continuar con el aprendizaje de baño, incluso en el coche, hay algunos suministros importantes que necesitarás para ayudarte en el proceso si no quieres usar pañales. Como hemos dicho, lo primero que debes conseguir es un orinal de viaje, que estará siempre en el coche, junto con toallitas y desinfectante. También puedes utilizar la bacinica de viaje en los aseos públicos si no quieres que tu hijo se siente allí en el inodoro. Si no tienes otra opción, compra fundas desechables para el asiento del inodoro para una mayor protección.

También es recomendable conseguir bolsas desechables. En ellas puedes guardar la ropa del niño en caso de accidente y utilizarlas para eliminar sus residuos. También evitarás ensuciar y desordenar el coche. Asegúrate de que el niño esté vestido con ropa fácil de quitar en caso de que tenga que salir del vehículo con urgencia.

Ten siempre a mano una toalla limpia en caso de accidentes. Para reducir la frecuencia de los mismos, asegúrate de parar a intervalos regulares en lugares como gasolineras o tiendas. También puedes llevar ropa de repuesto, fundas para el asiento del coche y ropa interior extra para máxima tranquilidad.

Viajando

Aunque idealmente sería lo mejor, a veces no es posible evitar los viajes mientras se entrena al niño para ir al baño. Si tu hijo está casi entrenado, pero no del todo, y ha tardado más de lo que esperabas, los siguientes consejos para viajar pueden ser de gran ayuda.

Primero de todo, te recuerdo que antes de que salgas de casa, tu hijo tendrá que ir al baño: esto va a limitar los accidentes. Por supuesto, no le des líquidos en el camino. Evita también ponerle pañales de entrenamiento porque refuerza la idea de que está bien tener un accidente.

Asegúrate de llevar contigo el orinal o el asiento adaptador, ya que el niño es pequeño y necesitará hacer muchas paradas en el camino. Durante el trayecto fíjate en los lugares de parada para estar preparado si el niño tiene que ir al baño.

Ten preparados productos de higiene como pañuelos de papel y gel desinfectantes por si no puedes limpiarle correctamente en un baño público. Tampoco es mala idea llevar papel higiénico en el coche. No querrás tener que ser creativo con un niño pequeño.

—

Si quieres utilizar el baño para personas discapacitadas, tendrás mucho espacio, pero el asiento puede ser más alto de lo normal, por lo que tu pequeño requerirá tu ayuda. Muchos lugares están incorporando ahora baños familiares para dar cabida a los niños pequeños y a sus padres, así que utilízalos cuando puedas.

Este es un buen momento para enseñar más a tu hijo sobre higiene. Explícale a tu niño cómo colocar papel higiénico en el asiento de un inodoro. La seguridad también es importante, así que ve siempre con el pequeño al baño y quédate con él todo el tiempo.

Asegúrate de llevar algún tipo de protección para la sillita del coche y para el colchón donde el pequeño vaya a dormir mientras esté fuera de casa. Puede ser una sábana impermeable, un mantel de plástico, una bolsa de plástico o una alfombrilla de baño con respaldo de goma. Al igual que no quieres que el colchón se ensucie en casa, tampoco lo quieren el hotel, los amigos o los familiares.

No es raro que se produzcan accidentes en este momento. Si eso ocurre varias veces seguidas, vuelve a ponerle los pañales y disfruta del viaje. Vuelve a empezar cuando lleguéis de vuelta a casa. Es un momento demasiado emocionante, estresante y divertido como para meter al niño en una rutina.

Ten en cuenta también la dieta del niño durante el viaje. El cambio de alimentación puede crear una mutación en la frecuencia y consistencia de las deposiciones, así que asegúrate de prestar atención a ello y a reaccionar en consecuencia.

Capítulo 13. Los 10 mejores consejos para el aprendizaje del orinal, directamente de los padres que han pasado por ello

A veces, recibir consejos de quienes han pasado por la misma situación es la mejor medicina. No hay nada como que alguien ponga voz a tus preocupaciones o comparta un truco que te puede ahorrar mucho tiempo.

1. Mantén una actitud positiva

"En la guardería en la que trabajo conozco bien a todos los padres y niños. Cuando llega el momento de enseñar a los pequeños a ir al baño, siempre nos damos cuenta de que los padres que tratan a sus hijos como pequeñas personas y tienen más paciencia, son los que enseñan a los niños a ir al baño sin problemas. Los padres nerviosos y regañones suelen ser los que tienen más problemas y cuyos hijos son menos cooperativos." Denise, 28 años, trabajadora de guardería

Esta es la regla de oro del aprendizaje para ir al baño. Piensa en este momento como en una fiesta: un momento para sonreír, para celebrar y para ejercitar tu paciencia con los invitados no deseados, como los accidentes y las rabietas. Esta actitud positiva dará sus frutos.

---

2. Limita el tiempo en el orinal

"Con nuestra segunda hija, fuimos mucho más indulgentes ya que las cosas habían ido muy bien con el primero. La dejamos ir al baño y se quedaba sentada durante mucho tiempo, divirtiéndose con las cosas del baño y, en general, sin prestar atención a lo que realmente se suponía que tenía que hacer. Luego empezamos a poner un temporizador y a limitar su tiempo de ir al baño a tres minutos, y en nada... ¡lo había conseguido!" Jenny, 37 años, madre de tres hijos

No dejes que tu hijo se siente demasiado tiempo en el orinal, o corres el riesgo de que se convierta en otro lugar para estar y jugar en vez del sitio para hacer sus necesidades. Normalmente, dos o tres minutos es todo el tiempo que necesitará tu hijo, y podrás juzgar con bastante facilidad si está jugando o no.

3. Hidratación adecuada

"Teníamos problemas para ir al baño con mi primer hijo. Parecía que no quería ir nunca. Luego me di cuenta de que apenas le había dado de beber en el ajetreo de ese primer entrenamiento. Así que aumentamos su ingesta de líquidos y, de repente, iba cada vez que le llevábamos al orinal".   - Ursula, 32 años, madre de dos hijos

Asegúrate de hidratar correctamente a tu pequeño. No te excedas, pero asegúrate de que tu hijo toma entre seis y ocho vasos de agua (o zumos naturales) al día. Los refrescos, la cafeína y las bebidas azucaradas obviamente no cuentan y deben evitarse.

4. Consistencia

"Soy un padre soltero, así que tengo una niñera que me ayuda mientras estoy en el trabajo. Mi hijo tardó mucho en aprender a ir al baño, y descubrí que ella no lo llevaba al baño, sino que esperaba que él tomara la iniciativa, cosa que, obviamente, no estaba preparado para hacer. Una vez que conseguimos establecer una comunicación más fluida, y que el niño tuviera una rutina más marcada, todo fue mucho más rápido". Bryan, 40 años, padre de un niño.

No podemos dejar de insistir en la importancia de la constancia. Tu hijo necesita que las circunstancias que le rodean sean constantes para poder aprender a usar la bacinica. A menudo es fácil pasar por alto el hecho que es crucial compartir y hablar con los cuidadores de nuestros pequeños, pero es algo realmente importante. Tómate el tiempo de sentarte y explicarle tu rutina, escríbela y ponla en un lugar visible.

5. Descubre el miedo y enfréntate a él

"Mi primera hija empezó muy bien su entrenamiento para ir al baño, pero tenía un miedo tremendo de hacer caca en el orinal. No entendíamos por qué, ¡y lo intentamos todo! Luego el médico nos dijo que algunos niños creen que están dejando salir y tirando un trozo de su cuerpo, así que compramos un libro sobre el aparato digestivo y le hablamos de cómo funciona: enseguida empezó a usar la bacinica para hacer caca". - Melanie, 40 años, madre de cuatro hijos

---

Los niños pueden ser muy literales. Eso da lugar a muchas historias divertidas y, por supuesto, a algunas que no lo son tanto. Es importante llegar a entender los miedos de nuestros hijos en relación con el entrenamiento para ir al baño y, si es posible, aclararlos de forma lógica y comprensible. Puede que descubras que lo que bloquea a tu hijo tiene fácil solución.

6. Mi mejor amigo, el orinal

"Cuando empezamos a enseñar a mi hijo a usar el orinal, le hablamos de él como de un nuevo amigo, y así lo tratamos. Lo introdujimos de forma lenta pero segura, le dimos importancia a todas las partes divertidas del orinal y hablamos de él a menudo. Estoy convencido de que esto facilitó el aprendizaje y le ayudó a aprender en un tiempo récord". Daniel, 35 años, padre de un niño

Todo ayuda, y si supieras que puedes allanar el camino del aprendizaje de baño de alguna manera, ¿no lo harías? Puedes empezar cambiando los pañales de tu hijo en la misma habitación donde está la bacinica, empezando a trazar una conexión para tu pequeño. Empieza, por ejemplo, a tirar la caca del pañal en el orinal, con él mirando. Cosas como ésta ayudan a crear una conexión en el cerebro de tu hijo y a reducir el miedo.

7. No preguntes

"Mi hijo siempre decía que no cuando le preguntaba si tenía que ir al baño. Creo que sencillamente tenía cosas mejores que hacer (jugar básicamente) y acababa teniendo accidentes por todas partes. Cuando dejé de preguntarle si tenía que ir y simplemente le dije que era el 'momento del baño', enseguida empezó a acumular éxito tras éxito." -Ben, 33 años, padre de un niño

---

Hay un mundo de diferencia para tus hijos entre "Es hora de ir" y "¿Quieres ir?". ¿Qué niño quiere dejar su comida, sus juguetes o sus amigos para ir al baño? Piénsalo, y luego deja de preguntar. Simplemente llévale.

8. Tener más de una bacinica

"No estábamos teniendo suerte con el entrenamiento para ir al baño de mi hija... tenía accidentes todo el tiempo, normalmente de camino al orinal. Nuestra casa es bastante grande, así que decidí comprar unos cuantos orinales más y repartirlos por la casa. Funcionó. Con más opciones cerca, aprendió a usar la bacinica en poco tiempo".   Jesse, 28 años, madre de una niña

Muchos padres confían en tener más de un orinal, especialmente los que viven en casas de varios pisos. Ayuda que estos orinales sean exactamente iguales para reforzar el vínculo entre el objeto y el comportamiento.

9. ¡Unas pocas gotas cuentan!

"Cuando mi hijo empezaba a aprender a ir al baño, celebrábamos incluso unas pocas gotas de pis. Se ponía muy triste si no podía ir al baño, así que para ayudarle a replantear la situación, le insistí en que incluso una o dos gotas eran geniales. Le encantó la idea y pronto se olvidó de toda la presión que había ejercido sobre él". Janice, 40 años, madre de tres hijos

El aprendizaje para ir al baño consiste en sumar muchos pequeños éxitos. Cuando empieces, no te preocupes por el objetivo final; céntrate en ayudar a tu hijo a celebrar los pequeños avances.

Este positivismo motivará a tu hijo a seguir avanzando hasta alcanzar el objetivo final: ¡el 100% de los desechos en el retrete!

10. Evita las peleas

"Pensé que había llegado el momento de enseñar a mi hija a ir al baño, así que empezamos con todo el tinglado. Pero ella no lo aceptaba y yo no sabía de dónde venía su resistencia. Me encontré amenazando y entrando en discusiones que no tenían ganador. Así que decidimos tomarnos un descanso, y cuando lo volvimos a intentar dos meses después, fue pan comido." - **Caroline, 30 años, madre de una niña**

Lucha de poderes y peleas sólo empeorarán las cosas. En caso de una situación de resistencia total por parte del niño lo mejor es parar: es probable que al retomar el tema más adelante tu hijo esté mucho más predispuesto a cooperar.

Capítulo 14. Cómo introducir correctamente el orinal

No hay ningún equipo necesario para el aprendizaje del orinal que no sea un orinal, pero ciertas herramientas pueden ayudar a que el proceso sea mucho más suave. Hay bacinicas de todas las formas y tamaños, muchas de los cuales están pensadas para animar a tu hijo a quedarse sentado hasta haber cumplido la misión.

Los orinales pueden ser muy sencillos; algunos incluso no son orinales en absoluto, sino un anillo adaptador para el asiento del inodoro que impide que el niño se caiga. Los modelos más recientes en cambio, reproducen música una vez que se empieza a orinar, lo que anima al niño a seguir haciéndolo (una desventaja de este tipo de bacinica es que el niño puede empezar a moverse para encontrar la fuente de la música, lo que cambia la dirección del chorro de orina).

Un factor que hay que tener en cuenta a la hora de elegir el tipo de orinal que utilizará tu hijo es su tamaño o altura. Los niños más altos lo tendrán más fácil con el inodoro para adultos con anillo adaptador o con la bacinica más grande, mientras que los niños más bajitos tendrán más éxito con el orinal más pequeño. El motivo es la posición de las piernas al sentarse. La posición del cuerpo es un factor clave durante la defecación; los niños necesitan tener los pies en el suelo y las rodillas en ángulo recto durante la misma. Es probable que si tu hijo pequeño utiliza el inodoro para adultos, necesite un taburete colocado debajo de los pies para darle estabilidad.

A la hora de seleccionar la bacinica de tu hijo, es importante tener en cuenta el grado de limpieza o mantenimiento que requiere.

La mayoría de los orinales tienen un dispositivo de recogida extraíble que debe vaciarse y limpiarse después de cada viaje al baño. Los artículos más sencillos, como el asiento-anillo, sólo necesitan ser limpiados con un producto de baño, igual que lo harías con un asiento de inodoro normal.

Hay otras características que debes tener en cuenta a la hora de elegir la bacinica o asiento de tu hijo.

Una es la estabilidad de la silla. Debes prever que tu pequeño se aburrirá de estar sentado y empezará a moverse en la misma. Busca una silla que no se incline cuando tu hijo se mueva en diferentes direcciones.

Además, un asiento acolchado es mucho más cómodo que uno no acolchado. Otra característica a buscar es una opción de conversión o transición. Algunos de los modelos más caros de bacinicas pueden utilizarse también como taburete, mientras que otros se convierten en un asiento para el orinal cuando la silla ya no es necesaria.

Independientemente del orinal que elijas para tu hijo, es posible que se resista a usarlo una vez en casa. Al igual que es exigente con lo que come, puede ser igualmente exigente con el lugar donde se sienta a hacer pis y caca.

Sin embargo, ten en cuenta que todo es temporal. Al final, ambos tendréis un gran éxito.

Calzoncillos o braguitas desechables

La preparación física para el aprendizaje del orinal es tan importante como la preparación mental o emocional. Es importante que tu hijo tenga la capacidad de vestirse y desvestirse mientras se apresura a ir al orinal. Por lo tanto, la ropa debe poder quitarse fácilmente y, preferiblemente, no tener ni broches ni cremalleras. Además, asegúrate de que los pantalones de tu hijo no le aprietan ni le limitan. Tener que bajar pantalones ajustados puede hacer que pierda valiosos segundos mientras intenta evitar un accidente.

Los niños pequeños esperan con impaciencia el día en que empiecen a usar calzoncillos de "niño grande" o braguitas de "niña mayor". Pero algunos padres optan por utilizar primero ropa interior desechable para facilitar los viajes al baño. La ropa interior desechable está disponible en diferentes variedades, y, generalmente hay modelos específicos para cada sexo.

Tienes que tener en cuenta que pueden tener una capa absorbente que elimina la humedad de la piel, y esto, al igual que en el caso de los pañales de entrenamiento, puede ser una desventaja ya que tu hijo puede no sentir la humedad que le indica que debe evitar los accidentes. Otros tienen capas especiales que dejan la humedad justa en la piel o cambian la temperatura para que, en teoría, el niño reconozca la necesidad de ir al baño. Algunos modelos tienen figuras en la parte delantera que se desvanecen a medida que se ensucian, alertando a los padres para que los cambien.

Por otro lado, como decíamos antes, una ventaja de poner a tu hijo en bragas o ropa interior antes es el reconocimiento inmediato de un accidente.

Ten en cuenta que tendrás que cambiar la ropa interior varias veces al día si finalmente decides ponerle a tu hijo pequeño ropa interior de niño o niña grande ya durante el entrenamiento, y estos cambios frecuentes pueden aumentar la frustración tanto de los padres como del niño. También deberías hacerte a la idea de que varios pares de calzoncillos o braguitas pueden acabar tirados a la basura si están demasiado sucios. En cualquier caso, evita siempre castigar a tu hijo por los accidentes. Los accidentes simplemente ocurren.

Mantenerlo limpio

Cuando tu hijo es pequeño, no es de extrañar encontrarle con la mano en el pañal y sin dar ninguna señal de sentir asco por los desechos en sus dedos. Por eso mismo, la mayoría de los niños pequeños son completamente ajenos a la idea del aprendizaje para ir al baño hasta que sus ingeniosos padres inician el proceso.

Sin embargo, supón que notas que tu hijo te dice con frecuencia cuando tiene el pañal mojado o que lo encuentras con el pañal quitado porque está sucio. En este caso, está claramente preparado para comenzar el entrenamiento para ir al baño. Pero si encuentras a tu hijo jugando con sus heces, sé comedido en tu respuesta: el pobre no tiene ni idea de lo desagradable que es su caca para los adultos.

En cambio, comunica tranquilamente a tu hijo que jugar con las heces no es aceptable y límpialo bien. Lávale las manos con agua y jabón durante unos quince o veinte segundos, y asegúrate de limpiarle también debajo de las uñas. Además de reconocer que está mojado o sucio, tu hijo tendrá que aprender los pasos que debe seguir para su higiene personal después de usar el orinal.

Capítulo 15. Elegir el método correcto de entrenamiento para ir al baño

Entrenamiento del bebé para ir al baño

Hemos hablado del entrenamiento para ir al baño en 3 días, pero existen también otros tipos de entrenamientos. Veámoslos juntos y hablemos de las ventajas y desventajas de cada uno.

Un gran número de expertos creen que el entrenamiento para ir al baño puede empezar ya cuando el niño cumple su primer año. Para entonces, es probable que los músculos rectales hayan madurado lo suficiente. Además, entre el año y los dieciocho meses, el niño ya es capaz de seguir instrucciones sencillas.

- Algunos padres preparan a sus hijos para el entrenamiento desde los cuatro meses de edad. Esto implica determinar el ritmo corporal del bebé. Significa observar de cerca el horario de sueño, la siesta, la alimentación, el pis y la caca del bebé.

Ejemplo: Puedes determinar que el bebé suele orinar unos minutos después de comer. Permita que el bebé no use el pañal durante esos períodos. Asegúrate de que haya un orinal cerca durante esos momentos. Entonces, cuando el bebé muestre señales de que está a punto de orinar, ponlo encima de la bacinica. La idea es que el bebé se acostumbre a la sensación de estar allí sentado cada vez que tenga que orinar o defecar.

- ¿Cuáles son las ventajas del entrenamiento infantil? Por un lado, empezar pronto significa que es más probable terminar antes. Limita el uso de los pañales, algo sin duda higiénico, menos costoso y más respetuoso con el medio ambiente. Por supuesto, minimiza la dermatitis del pañal. Y lo que es más importante, este método facilita el vínculo entre tú y tu bebé. Sin embargo, también significa que tendrás que estar con tu bebé las 24 horas del día. Además, colocar al bebé encima de la bacinica con frecuencia aumenta el riesgo de accidentes.

El enfoque CO (orientado al niño)

El Dr. T. Berry Brazelton introdujo este método de control de esfínteres en los años 60 y a veces se denomina Enfoque Brazelton. Formuló este método tras observar una gran cantidad de fracasos en el entrenamiento para ir al baño de los niños. Llegó a la conclusión de que los padres presionan a sus hijos para que se entrenen antes de que estén preparados. Por lo tanto, en este método, se permite que el niño marque el tiempo y el ritmo. Tras observar los signos de que está preparado para ir al baño, se procede a seguir una serie de pasos. Sin embargo, antes de pasar al siguiente, hay que esperar a que el niño muestre interés.

- **Primer paso:** Presenta a tu hijo el orinal y permítele sentarse en él con la ropa puesta. Esto suele hacerse cuando el niño cumple un año y medio.

- **Segundo paso:** Suponiendo que el niño reaccione positivamente al primer paso, permite que se siente en la bacinica sin pantalones ni pañal. A continuación, elogia dulcemente al niño.

- **Tercera etapa:** Si la segunda etapa va bien, puedes pasar a la tercera. Coloca a tu hijo en el orinal después de que el niño haya hecho caca en el pañal. A continuación, vacía el contenido del pañal en la bacinica. Explica a tu hijo que la orina y las heces deben ir al retrete. Utiliza las palabras de baño adaptada al niño para explicárselo (caca, popó, etc.) Si este paso va bien, puedes pasar al cuarto.

- **Cuarto paso:** Permite que tu hijo ande por la casa sin pañales durante períodos cortos. En este momento, anima al niño a utilizar el orinal por sí mismo.

- Suena bastante sencillo, pero aquí está el truco: Si tu hijo se niega a usar la bacinica, debes interrumpir el entrenamiento inmediatamente. Y esperar un par de meses más antes de volver a empezar. El enfoque Brazelton puede iniciarse a partir de los dieciocho meses, pero hay que estar preparados para seguir entrenando hasta que el niño tenga casi tres años.

- La Academia Americana de Pediatría recomienda este tipo de aprendizaje para ir al baño. La ventaja de este método es que la presión por tu parte y la de tu hijo es mínima. Sin embargo, uno de los mayores inconvenientes del método es que puede llevar mucho tiempo completar el entrenamiento. Las investigaciones revelan que el periodo medio de formación oscila entre seis meses y un año y medio.

- Otra desventaja es que tu hijo podría no tomarse en serio el entrenamiento. Podría pensar que el uso del orinal es opcional. Y para cuando ya haya que tomarse en serio el entrenamiento (por ejemplo, cuando está a punto de empezar el preescolar), ¡puede que tu hijo aún no esté preparado para ir al baño!

El método de los tres días

Este método fue diseñado por los psicólogos Foxx y Azrin para ayudar a los niños con necesidades especiales a aprender a ir al baño. Resulta que el método funciona bien con todos los niños en general.

- Hay que reservar un tiempo para el periodo de aprendizaje. Se recomienda entre tres días y una semana de vacaciones para las mamás y los papás que trabajan. Si te resulta imposible tener todo el fin de semana libre, haz turnos con tu pareja u con otro cuidador.

- El momento en que comienzas con este método es el momento en que dejas los pañales. Así que asegúrate de empezar en un momento en el que tu hijo no tenga nervios o ansiedad. Una vez que te deshagas del pañal, se acabó. Si se lo vuelves a poner a tu hijo, podrías perjudicar todo el proceso. Dicho esto, mantén los pañales puestos durante la siesta y a la hora de acostarse por la noche.

Ahora, recapitulemos el proceso:

Día 1: Permite que tu hijo ande desnudo en un lugar seguro. Por lugar seguro, nos referimos a las zonas de la casa que no tienen moqueta ni alfombras, para que no te asustes cuando tu hijo haga caca en estos lugares. Además, como el niño no llevará ropa, es mejor que el entrenamiento se realice durante los meses más cálidos.

- El primer día, pasa tiempo con el niño, jugando, etc., mientras le proporcionas abundante líquido (mucha agua y zumo natural). Luego, cuando notes las señales de advertencia de un inminente pis o caca, apresura al niño hacia el baño.

Día 2: El segundo día, tu hijo puede llevar pantalones sin la ropa interior. Entonces, haz lo mismo que el día anterior. Dale muchos líquidos y llévalo al baño después de cada toma.

Día 3: Al tercer día, tu hijo estará completamente vestido. Sigue el mismo procedimiento. Con el tiempo, tu hijo relacionará las sensaciones entre el pis/la caca y las ganas de ir al baño. Al final, tu hijo empezará a ir al baño por sí mismo.

- Algunos padres consideran que es más eficaz utilizar algunas pequeñas ayudas para este entrenamiento, como el muñeco con orinal al que mamá/papá "dará de comer" y que "hará pis". Una vez que el niño aprenda el concepto básico, empezará él mismo a enseñar al muñeco a usar la bacinica, así que es bueno utilizarlo desde el primer día. Otras ayudas para el entrenamiento son los libros ilustrados sobre el orinal.

- También puedes presentar los tres días de entrenamiento como la "Fiesta del Orinal". Puedes incluir globos, pasteles y todo eso. Hazlo a lo grande durante el primer día. Despierta a tu hijo temprano por la mañana y dile: "¡Felicidades, cariño, ya eres un niño/niña grande! Vamos a hacer una fiesta del orinal". Bueno, suponiendo que tengas tiempo para todo eso.

- El uso de ropa interior con su personaje de dibujos animados favorito también puede servir de motivación para tu pequeño. Proporcione al niño recordatorios como: "Mantén seco a Elmo" o "Cariño, a Dora no le gustará que le hagas caca encima".

- Espera que siempre haya accidentes. Cuando se produzcan, hazle saber a tu hijo que no pasa nada, pero no utilices las palabras "no pasa nada" porque, realmente, no es así. La cuestión es que quieres que tu hijo sepa que el pis y la caca deben ir a la bacinica. Así que, en su lugar, di algo como: "¡Uy! Te has mojado. Recuerda, cariño, que la caca y el pis van en el orinal".

- La ventaja de este método es que es realmente rápido y sin complicaciones. Envía un mensaje directo a tu hijo. Esto contribuye en gran medida a la eficacia del mismo. Por otro lado, la técnica requiere que despejes tu agenda y te prepares con antelación.

Consejos adicionales para ir al baño

El aprendizaje para ir al baño no sólo se realiza en casa. Cuando un niño está en proceso de entrenamiento, también hay que prepararse para los momentos en los que está fuera de casa. Por eso, los kits de emergencia. Lleva siempre un par de calzoncillos o braguitas de repuesto, una muda de ropa, algunas bolsas de plástico y fundas desechables para el asiento del váter por si tu hijo se hace un lío en los baños públicos.

No subestimes la importancia que tienen los compañeros durante el entrenamiento para ir al baño. Aunque tu hijo no esté todavía en el colegio, es posible que copie lo que hacen sus amiguitos de juego que están aprendiendo a utilizar el orinal.

Sé realista con tus expectativas. El hecho de que los niños estén entrenados para ir al baño durante el día no implica necesariamente que no vayan a tener accidentes por la noche. El entrenamiento es más eficaz cuando se sigue esta secuencia:

- Control de esfínteres por la noche

- Control de esfínteres en el día

- Control de la vejiga en el día

- Control de la vejiga por la noche

Recuerda que mojar la cama es algo normal y que suele resolverse por sí solo.

Hay unos cuantos datos que todos los padres deberían tener en cuenta:

- Lo primero es que tu hijo puede sentirse confundido por el hecho de que, de repente, le des tanta importancia a su pis y a su caca cuando antes nadie les prestaba demasiada atención.

—

91

- En segundo lugar, pasar del pañal a la bacinica puede ser una experiencia aterradora para cualquier niño. Piensa en el pañal como una especie de manta de seguridad a la que se aferran. Y aquí estás tú, pidiéndoles que se desprendan de algo que siempre han conocido desde la infancia.

- Por último, puedes utilizar orinales con música, toallitas húmedas para bebés, así como todas las herramientas de entrenamiento para ir al baño que ofrecen en el mercado. Pero al final, recuerda que lo más importante para el éxito del entrenamiento es tu paciencia.

Capítulo 16. Lograr el control

El mayor obstáculo para que un niño aprenda a ir al baño es entender el control que requiere su cuerpo. Estas sensaciones son difíciles de describir y comprender para tu hijo.

Control de la vejiga
Como ya hemos dicho, el verano es un buen momento para empezar a enseñar a los niños a ir al baño porque la ropa es más ligera y más fácil de quitar. Y cuando los niños tienen accidentes, también es más fácil limpiar esa ropa. Cuando comience el entrenamiento para el control de esfínteres, es conveniente que le dedique tres días y que te centres por completo en el niño durante este tiempo. Tendrás que estar accesible para atenderle inmediatamente cuando tenga que ir al baño.

Vamos a ver juntos algunos detalles importantes.

Primero de todo, debes explicarle a tu niño lo que esperas antes de empezar el entrenamiento. Quieres que se apropie del proceso de aprendizaje para ir al baño todo lo posible. Hay algunas maneras de asegurarse de que la experiencia del aprendizaje para ir al baño esté preparada para el éxito. Lo primero y más importante es que tu niño vaya al baño antes de dormir, tanto antes de la siesta como antes de ir a la cama por la noche. Además, intenta siempre que use el inodoro después de dos horas de estar seco. Esto le proporcionará un horario que sin duda le ayudará a tener éxito.

Al principio, cuando tu niño esté en el baño, hazle compañía para que no le dé miedo. Háblale o léele, para que esté haciendo otra cosa al mismo tiempo. De lo contrario, puede que se sienta inclinado a no usar la bacinica porque preferiría estar, por ejemplo, jugando o leyendo.

Elogia al niño por un trabajo bien hecho. Esto vale para cualquier pequeño logro. Si se sienta en el váter durante más de diez segundos, ¡elógialo!

Puedes ayudar a tu hijo dejando correr el agua si tiene problemas para ir al baño. Esto ayudará a "despertar" su necesidad de orinar. Al mismo tiempo, también hay que saber cuándo parar. Si el niño no tiene que ir, no tiene que ir. No hay que convertir la hora de ir al baño en un juego.

No olvides dar a tu hijo más de beber durante este tiempo. Quieres que tenga señales corporales fuertes para aprender qué hacer, lo cual es más fácil cuando tiene más líquido que expulsar.

No quieres ser la única persona que le recuerde a tu niño que tiene que ir al baño. Esto puede convertirte en alguien molesto y fastidioso. Una posible alternativa es poner un temporizador para que suene y el niño sepa que es hora de ir al baño por sí mismo.

Recuerda: aunque la parte más importante del entrenamiento dure 3 días, deberás mantener esta rutina durante varias semanas para que se asiente del todo. El hecho de que tu hijo haya dominado el uso del retrete no significa que no vaya a haber accidentes. Los habrá. Si lo has intentado durante varias semanas y tu pequeño no ha hecho ningún progreso, dale un respiro. Deja de entrenar y vuelve a intentarlo al cabo de unos meses. Puede que tu hijo aún no esté preparado.

Infecciones del tracto urinario

Un problema de este tipo puede dificultar el proceso de aprendizaje del orinal. Cualquiera que haya tenido una infección urinaria sabe que es dolorosa e incómoda. También crea una necesidad de ir al baño que no es real. Y esto puede confundir al niño. Notará algunos síntomas de ITU como el esfuerzo sin orinar, orina con mal olor, cambios de color en la orina, mucha orina con poca producción, etc.

Estas infecciones son poco frecuentes en los niños pequeños, pero pueden pasar.

El problema es que, una vez que la infección se ha resuelto, el niño puede tener algunos malos recuerdos, y puede costar tiempo volver a entrenar para ir al baño. Ten paciencia y tranquilízalo para que no tenga miedo de volver a hacerlo.

Cuando un niño que ha aprendido a ir al baño empieza a tener muchos accidentes, hay que empezar a comprobar si puede tratarse de una ITU.

Control de esfínteres

El control de esfínteres suele producirse antes de que el niño consiga controlar la vejiga. Hay muchas señales claras de que el niño tiene que defecar, y saber reconocerlas puede ayudar a llevar al niño al orinal a tiempo.

Veamos algunas. Tu hijo puede dejar de jugar, esconderse en algún sitio o gruñir y ponerse rojo. Puedes decir cosas como: "Veo que estás haciendo caca". Decir algo así ayuda al niño a identificar lo que está haciendo y las sensaciones para predecir cuándo necesita ir al baño.

Debes explicarle al niño lo que esperas y por qué. También ayudará explicarle que eso es lo que hacen los adultos; eso es lo que hacen papá y mamá, y que, como está creciendo, eso es lo que tiene que hacer él también. Es importante expresar todo esto con palabras, porque los niños no son capaces de leer tus expresiones y tonos.

Si tu hijo no tiene una "hora fija" para ir al baño, es aconsejable llevarle unos treinta minutos después de la comida.

Como siempre, prepárate para sentarte con tu hijo mientras va al baño, pero si quiere estar solo, también está bien. A veces, si hay demasiados estímulos, el niño no puede ir al baño, así que esté atenta a sus necesidades. También debes elogiar al niño cuando lo haga correctamente. Elógialo incluso por el mero hecho de intentarlo. Hay que reforzar la idea que lo está haciendo genial y que te está haciendo sentir mucho orgullo.

Problemas de relajación

Cuando tienes un niño que tiene dificultades para relajarse en el inodoro, hay algunas cosas que puedes hacer para facilitar este proceso. Lo primero y generalmente más efectivo que puedes probar, es sentarle en el orinal vestido para alguna otra actividad como leer o jugar. Con esto puedes conseguir que el inodoro le dé menos miedo y que el niño se sienta cómodo allí sentado.

Estreñimiento

Los niños estreñidos tienen dificultades para aprender a ir al baño. Si tu hijo tiene antecedentes de estreñimiento, es posible que debas esperar a enseñarle a ir al baño. No es algo de lo que debas preocuparte, sino de lo que debes ser consciente cuando intentes que pase del pañal al baño.

A veces, la simple idea de tener que empezar a ir al baño solo es lo suficientemente aterradora como para provocar estreñimiento en un niño. El estreñimiento no es simplemente una falta de frecuencia a la hora de producir una evacuación intestinal. Tiene que ver también con la dureza de las heces producidas. Por ejemplo, si su hijo tiene una evacuación muy seca que no se pega al pañal, puede estar estreñido. Hay que tener en cuenta que el hecho de que la defecación sea aceptable para un adulto no significa que lo sea para un niño.

Si recurres a algo como supositorios o enemas, sólo agravarás el problema. Lo mejor es interrumpir el entrenamiento para ir al baño y volver a intentarlo más adelante. Si el problema persiste, consulta a un médico para que te explique por qué podría estar ocurriendo esto.

El estreñimiento puede ejercer presión sobre la vejiga, lo que lleva a tener accidentes. Esto es indicativo de la necesidad de atención médica.

Si de repente notas un cambio drástico y tu hijo acaba teniendo diarrea, habla con un médico, ya que esto podría ser síntoma de infección, alergia, etc. Problemas de este tipo, obviamente, pueden hacer que el entrenamiento para ir al baño sea particularmente difícil, ya que resulta casi imposible controlar la diarrea: si esto pasa, lo más recomendable es aplazar el aprendizaje.

Hay muchas razones por las que puede aparecer la diarrea en los niños. Hay que tener en cuenta cosas fuera de lo normal, como la intolerancia a la lactosa u otras alergias relacionadas con los alimentos. El sorbitol, el agente edulcorante de los caramelos y chicles sin azúcar, puede causar muchos problemas. En cualquier caso, lo más recomendable siempre es consultar las posibles causas con tu medico de confianza.

Encopresis

Se trata de una condición en la que el niño es físicamente incapaz de conseguir el control de sus intestinos si tiene más de cuatro años. No es un problema infrecuente, ya que afecta a entre el uno y el dos por ciento de los niños. Se conoce como "incontinencia fecal".

Aprender a ir al baño puede ser un momento estresante para el niño y podría sufrir estreñimiento a causa de este estrés. El estreñimiento crónico puede provocar otros problemas graves que dificultan el aprendizaje del uso del inodoro. De nuevo, es importante buscar asesoramiento médico.

Higiene

Enseñar a tu hijo una higiene adecuada es tan importante como aprender a usar el orinal. Si el niño no se cuida correctamente, puede acabar teniendo problemas de salud.

El baño y los niños pequeños pueden ser bastante sucios. Si utilizas un orinal, tienes que sacar la taza y mostrar al niño la forma correcta de limpiarla, ya que querrás que te ayude con esto.

Si hay un accidente, asegúrate de limpiar al niño enseguida. No querrás que el niño acabe acostumbrándose o sintiéndose cómodo estando sucio. Cuando la ropa interior está machada, tienes que decidir si la guardas o la tiras. La orina es bastante fácil de limpiar y la lavadora se encargará de ello. Con respecto a las deposiciones sólidas en cambio, si la caca está húmeda y blanda, puede que a veces la mejor solución sea tirar directamente la ropa interior.

Como decíamos, debes asegurarte de que enseñas a tu niño a limpiarse después de haber ido al baño. En el caso de las niñas, enséñales a limpiarse de delante a atrás para evitar infecciones. También debe aprender a hacerlo con palmaditas o en cualquier caso, de forma muy suave para evitar posibles irritaciones. También se les debe enseñar a limpiar el asiento del inodoro al terminar, ya que los gérmenes pueden ir a parar allí después de tirar de la cadena y, en el caso de los niños, pueden salpicar gotitas a la hora de orinar.

Capítulo 17. Resistencia al entrenamiento para ir al baño

Lamentablemente, el entrenamiento para ir al baño se suele realizar justo en un momento en que el niño aprende a ser más confiado y seguro de sí mismo. Esta etapa, conocida como los "terribles dos", hará que el aprendizaje pueda resultar algo más complicado e implicar rabietas para determinados niños. Pero no te desesperes, si sigues actuando de forma tranquila y comprensiva y consigues que el entrenamiento para ir al baño sea divertido, no hay duda de que podrás llevar a cabo este aprendizaje con éxito.

En primer lugar, asegúrate de que tu hijo está preparado y prepara el entrenamiento. Este paso siempre es la base para un aprendizaje de baño rápido y sin estrés. Sin embargo, algunos niños se resistirán, quizá gritando o contestando a sus padres: negarse a usar el orinal puede ser frustrante y si se alarga durante mucho tiempo podría acabar teniendo incluso consecuencias para la salud y el buen desarrollo del niño. Así que si la "resistencia" de tu hijo es prolongada, no dudes en ponerte en contacto con su pediatra.

Los incentivos son una forma positiva de conseguir que tu hijo sea menos obstinado y más abierto a la transacción al baño. Sin necesidad de recurrir a regalos o premios, es una buena idea explicar a tu pequeño cosas divertidas que podrá hacer si consigue superar los retos de entrenamiento: quedarse a dormir por la noche en casa de la abuela, hacer una excursión con los amigos, etc. Los estímulos positivos son clave en este tipo de aprendizaje.

En caso de que tu hijo se resista a usar la bacinica, habla con él. Puede que, sencillamente, le dé miedo utilizarla. Prueba a decorarla o a engancharle pegatina junto a tu niño. A otros niños en cambio, les da miedo el sonido de la cisterna del váter. Así que espera a que tu hijo salga de la habitación para tirar de la cadena. Otra opción para los niños que tienen hermanos o hermanas mayores, es dejarles observar cómo utilizan el retrete para que vean que no tienen miedo.

Recuerda que cada niño es diferente y aprende a usar el baño a su ritmo, pero si le escuchas y conviertes esta actividad en divertida utilizando juegos, canciones y actividades, todo el proceso será mucho más rápido!

¿Qué hacer si no se entrena para ir al baño?

¿Te estás topando con un muro?¿Tu hijo no progresa a pesar de los numerosos esfuerzos que has realizado? ¿Sigue con las rabietas?

Quizá hayas elegido el momento equivocado para entrenarlo.

Si entiendes que no es buen momento para seguir o empezar con el entrenamiento para ir al baño en 3 días, deja enfriar el asunto y espera unas semanas. Si tu hijo no ésta listo, no importa lo que hagas, no puede ser entrenado para ir al baño.

Por otro lado, ¿tu hijo es profundamente receptivo a los conceptos de educación sobre este tema pero le cuesta realizarlos? Prueba a "entrenar" con sus juguetes favoritos.

- Paso 1: Ponle a su muñeca favorita sus braguitas o calzoncillos nuevos y deja que se los baje
- Paso 2: Coloca la muñeca en el orinal y celebra su gran logro cuando ésta haya "empezado a orinar".
- Paso 3: Dile a tu hijo que también puede hacer una celebración cuando use el orinal. Una pequeña fiesta debería ser suficiente para inspirarlo.

¿Está su hijo en la guardería? Aquí tienes una pregunta importante. Como hemos dicho, si es así, asegúrate de que tanto tú como el personal de la guardería estáis educando al niño de la misma manera. Si recibe un entrenamiento durante el día y en casa otro diferente, puede ser bastante claro por qué no está progresando.

Tu hijo puede confundirse y frustrarse si recibe instrucciones contradictorias, así que no te olvides hablar con el personal de la guardería!

El secreto más importante para que el entrenamiento de tu hijo sea fácil y rápido es esperar a que el niño esté preparado para este momento física y emocionalmente. Si el pequeño acaba de vivir un acontecimiento de alguna manera estresante como un traslado, el comienzo de la guardería o la llegada de un hermanito a su vida, es posible que no estés preparado para afrontar otro gran cambio. No hay nada malo en esperar a que tu hijo esté más receptivo y tranquilo.

De alguna manera, tu hijo tiene todo el control. Sólo retrasarás el momento que llegue a ir al baño por sí mismo si le obligas o le gritas. Deja que madure sin presiones excesivas. Hay una razón por la que apenas se tarda 3 días en entrenar a un niño para ir al baño cuando se ha elegido el momento adecuado para intentarlo.

Capítulo 18. 8 cosas que hay que hacer y que no hay que hacer al preparar el entrenamiento

Mientras te preparas para enseñar a tu hijo a ir al baño, recuerda estos consejos fundamentales que te permitirán saber qué debes y qué no debes hacer.

Intenta no tener deseos ridículos

No puedes obligarlo. Al mismo tiempo, tampoco te marques un calendario fijo: muchos niños aprenden a ir al baño en tres días; otros, sencillamente, tardarán siete o incluso algunos más.

Poner a un niño en el orinal demasiado pronto con frecuencia es fuente de decepción y hace que lo que debería ser rápido, se acabe convirtiendo en un problema y alargar el procedimiento.

Observa a tu hijo

Busca señales de que tu hijo puede estar preparado para utilizar la bacinica. Permanece seco durante más tiempo, se viste solo, hace pis y caca a determinadas horas, se pasea por el lavabo y parece tener ganas de dar el siguiente paso o, en general, está entusiasmo con la idea de aprender: entonces deja que "investigue" el lavabo solo y aclara que tú estarás allí para ayudarle.

Es el niño quién conduce el camino y muestra lo que puede hacer y lo que no; tú le facilitas las herramientas y le ayudas cuando lo necesita. Si tu hijo no muestra ningún tipo de curiosidad por el orinal, lo más probable es que no esté preparado.

Intenta no mostrar insatisfacción

Hay pocas cosas que duelen más a un niño que ver a sus padres decepcionados. Por lo tanto, no añadas una presión adicional mostrando tu disgusto si tu hijo no lo logra inmediatamente; hacerlo dificultará todo el proceso. Lucha contra cualquier impulso de comparar a tu hijo con alguien más: todos los niños aprenden a ir al baño a su ritmo, y decirle a tu hijo que su hermana mayor aprendió mucho más rápido que él no ayudará para nada. Aunque no lo parezca a veces, aprender a ir al baño es un logro para tu hijo, no para ti. Así que haz un gran esfuerzo para mantener siempre una actitud positiva. Elogia los triunfos y pasa por alto los desastres tanto como sea posible. Los especialistas recomiendan pronunciar breves frases como, por ejemplo: "¡Puedes hacerlo!" y "¡Me alegro mucho de que lo intentes!".

Ten a mano un kit de supervivencia

Prepárate para esos momentos en los que no estás en casa o no tienes acceso a una bacinica. En la eventualidad de que las cosas se pongan un poco caóticas en los baños públicos, lleva siempre contigo un "kit de supervivencia" cargado con un par de mudas de recambio con diferentes prendas (camisas, pantalones, ropa interior y calcetines), bolsas de plástico (para guardar las prendas sucias), toallitas, fundas de asiento para el retrete y desinfectante.

Además no te olvides de algunos de sus libros o juguetes favoritos. Los niños a veces los necesitan para ir al baño, estén donde estén. Con un poco de planificación, puedes hacerlo todo mucho más sencillo para ti y para tu hijo.

Intenta no pasarte de la raya con los incentivos

No te vuelvas loco con los incentivos. Animar a tu pequeño con un par de pegatinas, un caramelo o la promesa de ir a visitar a su tía favorita está bien; sin embargo, darle premios costosos, como un juguete nuevo o una excursión a Disney World, no lo es. No solo porque hay el riesgo de que se acostumbre o se siente en el orinal solo para conseguir el premio; si a un niño se le ofrece un premio gigantesco, es muy posible que se ponga nervioso y se desconcierte.

Conversa con su pediatra

Los pediatras son especialistas en la preparación para el baño y están disponibles para ayudar. En el caso de que tu médico de cabecera no saque el tema en la visita de los dos años, pregúntale si cree que tu hijo está preparado para ir al baño.

No te resistas a pedir consejo y orientación sobre los procedimientos que mejor funcionan o a preguntar sobre cualquier duda que tengas. Los pediatras pueden ayudar a detectar posibles problemas y pueden reconfortarte a ti y a tu hijo en caso de posibles preguntas.

Mucha paciencia siempre

Aunque tu hijo consiga ir al baño solo durante el día, eso no asegura que vaya a permanecer seco durante la noche o durante la siesta. Algunos niños seguirán mojando la cama mientras descansan, y tardarán mucho tiempo en dejar de usar el pañal durante el sueño. Mojar la cama por la noche es normal y, en la mayoría de los casos, es algo que se resuelve solo.

En el caso de que un niño permanezca seco por la noche, pero tenga problemas durante el día, es probable que necesite más estímulo y apoyo para que vuelva a hacer sus necesidades. En caso de que hay algo en especial que te preocupa, habla con su médico de cabecera, pero en general recuerda que, la gran mayoría de las veces solo es cuestión de paciencia.

Capítulo 19. Cómo hacer que tu hijo se convierta en todo un profesional del orinal

Recapitulemos juntos los puntos principales para convertir a tu niño en todo un profesional del orinal:

Cuidado a no exagerar:

Utilizar orinales con sonidos y artículos como libros o juguetes puede ayudar a mantener al niño interesado en el aprendizaje del uso del orinal. Pero exagerar no va a ser útil, ya que puede distraer a tu hijo de la tarea principal de ir al baño, provocando que empiece a ver la bacinica como una forma de juego. Así que, ¡moderación con los estímulos!

Pañales de entrenamiento: ¿si o no?

Los pañales de entrenamiento o pull ups están pensados como piezas de transición durante el entrenamiento para ir al baño. El problema es que pueden resultar demasiado similares a los pañales normales y esto podría ralentizar el proceso de aprendizaje. La sensación de incomodidad de hecho, puede ayudar a fomentar el uso de la bacinica: evitarla, al no llevar pañal, animará de alguna manera al niño a usar el inodoro.

Toma descansos en el entrenamiento para ir al baño:

Si el entrenamiento para ir al baño no está funcionando como debería, puede ser una buena idea tomarse un descanso y volver a empezar en otro momento. Esto te ayudará tanto a tu hijo como a ti: dejarás a tus espaldas los aspectos negativos del proceso y tu paciencia será mucho mayor la próxima vez.

Sé comprensivo y amable:

La frustración es normal. Para evitar enfadarte con tu hijo, recuerda que aprender a usar el orinal es un cambio muy grande para él. Los años de uso del pañal no pueden olvidarse con un chasquido de dedos.

Mantén las cosas interesantes:

El entrenamiento para ir al baño puede ser una experiencia divertida. Puede convertirse en una situación de unión entre padres e hijos gracias a los siguientes consejos:

Utiliza música o intenta inventar una canción sobre el orinal que tu hijo pueda disfrutar.

Leer juntos libros de aprendizaje para ir al baño puede ayudar a tu hijo a comprender los aspectos básicos de la actividad. Permitir que tu hijo lea un libro de cualquier tipo mientras está sentado en el inodoro también puede hacer que las cosas sean divertidas para él.

El hecho de que el agua del retrete esté tintada puede ayudar a animar a los niños a tirar de la cadena después de hacer sus necesidades.

Sobre el uso de las recompensas:

Como hemos mencionado antes, uno de los riesgos de utilizar un sistema de recompensas excesivas es el hecho de añadir más presión para tener éxito. Como resultado, tu hijo puede experimentar un sentimientos de fracaso o ansiedad cuando no logra usar el orinal correctamente o a tiempo. Otro riesgo es que el niño espere obtener una recompensa o un premio por hacer otras cosas como lavarse los dientes, terminar toda la comida o recoger sus juguetes.

Lluvia de ideas para los incentivos:

En lugar de utilizar regalos, golosinas, caramelos y otros objetos físicos como recompensas, considera la posibilidad de dar incentivos en su lugar. Para que esto sea más eficaz, haz participe a tu hijo y pide su opinión. Pregúntale qué le ayudaría a acordarse de usar el orinal o el inodoro. Hay cuatro reglas básicas para que cualquier incentivo resulte "potente" para un niño:

Uno: Permitir que tu hijo tenga acceso al incentivo elegido durante treinta minutos o una hora.

Dos: Es el padre o madre quien posee y controla el incentivo. Técnicamente no es un regalo.

Tres: El acceso a un incentivo está limitado en el tiempo. Esto porque se quiere mantener intacto su valor.

Sugerencias de incentivos:

- Uso de la bicicleta favorita
- Uso de un traje particular
- Visita a una persona querida
- Excursión a la playa
- Poder mirar un poco de tele después de cenar el fin de semana

Elogios y sentimientos de orgullo:

Elogiar a un niño por sus logros le ayuda a sentirse orgulloso de sí mismo y puede convertirse en una motivación importante para que haga las cosas todo lo bien que puede durante el periodo de aprendizaje de baño.

Pon tu hijo al mando:

El aprendizaje para ir al baño no consiste en obligar a tu hijo a hacer nada. Ponerle a cargo del uso del orinal puede ayudar a fomentar la independencia y la confianza en sí mismo a la hora de hacer sus necesidades.

Registra el progreso de tu hijo mediante un recordatorio visual:

Permitir que tu hijo vea hasta dónde ha llegado puede animarle a seguir esforzándose. Se puede utilizar una tabla y colocar un marcador de algún tipo cada vez que consiga ir al baño con éxito. También puede ser útil utilizar marcadores diferentes para el pis, la caca e incluso por permanecer seco durante la noche.

Pide ayuda a los profesionales sanitarios

- Algunos signos a los que hay que prestar atención y que pueden requerir atención médica son:
  o Un cambio drástico en los hábitos de aseo
  o Aumento o disminución repentina del número de veces que el niño va al baño
  o Heces líquidas y sin forma
  o Presencia de sangre en las heces y/o en la orina
  o Orina turbia
  o Dolor y molestias extremas cuando tu hijo va al baño

Otros consejos prácticos para el entrenamiento

- Durante los meses cálidos del año, el entrenamiento para ir al baño suele funcionar mejor porque es cuando puedes permitir a tus hijos ir semidesnudos por la casa.
- Mantén a tu hijo con ropa fácilmente quitable y lavable.
- Mantén siempre un juego de ropa limpia al alcance de mano en caso de accidente.
- No tires de la cadena mientras tu hijo esté sentado en ella. La experiencia puede ser aterradora.

- Proporciónale alimentos ricos en fibra para ayudar a que las heces de su hijo sean blandas.

Capítulo 20. Los problemas más comunes que experimentan los padres durante el entrenamiento para ir al baño

Hay bastantes retos que seguro ya te esperas, y luego están los a que quizás no sepas que puedes enfrentarte mientras entrenas a tu hijo para ir al baño.

El problema es la caca

A veces, los niños pueden tener dificultades para hacer caca. Puede haber muchas razones para ello. A continuación te presentamos algunas de las principales para que puedas ver si una o más pueden aplicar a tu hijo.

- ¿Tu hijo podría estar estreñido? Cuando tu hijo tenga estreñimiento, anota el tipo de comida que le has estado dando, los horarios de alimentación (cuándo le das el desayuno, la comida y la cena, y si también incluyes ciertos tentempiés o zumos) y los hábitos alimentarios (si tu hijo come mucho o te parece que come menos). Una vez que tengas la información, consulta con tu médico para saber qué pasos dar a continuación. Hay padres que se dirigen directamente a la farmacia más cercana a por laxantes para sus niños. No lo hagas. Deja que tu médico te recomiende los pasos a seguir. Cierto laxantes podrían tener efectos secundarios en tu hijo.

- ¿Tiene miedos irreales? Es posible que notes que tus hijos empieza a llorar o a sentir miedo cuando ve su propia caca. En estos casos, puedes utilizar muchas técnicas para aliviar sus miedos. Puedes utilizar plastilina marrón y dejarla caer en el orinal para demostrarles que no tienen nada que temer. A veces, los niños pueden estar convencidos de que la caca es una parte de su cuerpo y piensan que algo se separa de ellos. En esos casos, saca el peluche. No es una broma. Una de las técnicas que puedes utilizar es la que recomienda el Dr. Phil (sí, el Dr. Phil con su propio programa y su cara tan famosa). Con este método, simplemente tienes que coger un peluche y mostrarle a tu hijo cómo usa la bacinica. Asegúrate de explicarle al niño lo que está ocurriendo. Varios padres se muestran bastante escépticos con este método, sin embargo, a muchas familias les ha ido genial.

- Es posible que tu hijo empiece a reconocer antes la sensación de tener caca, que la de tener pis. Es muy normal: No te preocupes si tu hijo aprende a hacer una cosa antes que la otra.

- Tu hijo también puede sentir curiosidad por la caca. Puede que intente tocarla. No te preocupes por este comportamiento. Ya hemos visto que tu hijo puede ver la caca como algo que forma parte de él. Esta vez, tu hijo podría estar preguntándose qué es esa cosa extraña que ha salido de su cuerpo. Puedes prevenir este hábito simplemente haciéndole saber que no es algo con lo que deba jugar. Mantén la calma y no hagas que tu hijo se sienta molesto. No se refieras a la caca como a algo sucio, ya que esto podría aumentar los temores y la confusión de tu niño.

- Si hay miembros de tu familia, cuidadores o profesoras de la guardería que pueden implicarse en el aprendizaje de tu hijo para ir al baño, asegúrate de comunicarte abiertamente con ellos. Es mejor que todos estén de acuerdo. Así se evitan confusiones y se evita que tu hijo aprenda cosas diferentes de personas diferentes. Cuando lleves a tu hijo a la guardería, puedes explicar al personal de la guardería tu proceso de aprendizaje para ir al baño. Si te pueden ayudar, es fantástico. Si en cambio crees que sus métodos sólo van a confundir a tu hijo, entonces asegúrate de tener una conversación sobre el tema y de llegar a un acuerdo.

- Algunos niños pueden tener miedo cuando ven tirar de la cadena. Piensan que pueden acabar succionados. Esto es algo que se puede solucionar fácilmente. Dale a tu hijo trozos de papel higiénico y deja que tire él mismo de la cadena. Cuando se de cuenta de que el papel higiénico es arrastrado por la cisterna, pero a él no le pasa nada, empezará a tener más confianza en el uso de la cisterna.
- Los retrocesos pueden deberse a las expectativas poco realistas que los padres depositan en sus hijos. Algunos se fijan demasiado en el plazo en el que les gustaría obtener resultados. Por ejemplo, algunos padres pueden haber leído que los niños suelen dejar el pañal, incluso por la noche, en un periodo de entre tres y seis meses. Para ellos, seis meses es el plazo máximo para sus hijos. Sin embargo, las cosas no funcionan así. Tu hijo puede aprender a ir al baño en un mes. O puede tardar más de seis meses. Es fundamental entender que el aprendizaje para ir al baño es un proceso que requiere paciencia.

Cómo afrontar los rechazos

Tu hijo se puede negar a ir al baño. No te asustes ni te preocupes cuando esto ocurra. Es algo que cabe esperar.

Respondamos primero a las preguntas importantes: ¿por qué los niños se niegan o se resisten a ir al baño?

Hay numerosas razones, pero la más común es que para los niños es importante el control. Les gusta manejar las cosas por sí mismos. Cuando ven que el aprendizaje para ir al baño implica hacer caca, usar la bacinica (con la que no están familiarizados) o incluso tirar de la cadena (lo que puede crearles miedos, como la de que el inodoro les va a succionar), pueden empezar a sentir que no tienen el control. Esto hace que se alteren o se preocupen. ¿Te has encontrado alguna vez en una situación en la que has intentado decirle a tu hijo que haga algo y su primera respuesta ha sido un NO rotundo o contundente? El niño está tratando de ejercer el control sobre las cosas que le rodean. No entiende que algunas puedan estar fuera de su control.

También puede ser que los niños no entiendan de forma inmediata las instrucciones que les dan sus padres. Al fin y al cabo, el entrenamiento para ir al baño es un concepto nuevo. Les lleva tiempo comprender lo que deben hacer y cuándo. En estos casos, empiezan a resistirse a ir al baño.

Otras veces, simplemente están abrumados. Están experimentando cosas nuevas y lidiando con muchos estímulos a la vez. Nuestros cerebros han sido entrenados para ignorar las cosas triviales. Pero la razón por la que esas cosas son triviales es porque ya las hemos experimentado. Cuando pasas por un semáforo, por ejemplo, puede que sólo lo mires para ver si debes parar o seguir conduciendo. Tu hijo, en cambio, está mirando un semáforo por primera vez. Su mente está ocupada con el semáforo. Del mismo modo, cuando tu hijo está en casa, puede estar pensando en otra cosa. Puede ser un peluche o sus juguetes; puede ser el olor de una comida que le gusta, o incluso puede ser que simplemente quiera salir. Una vez que se fijan en una idea, no les gusta perder el control sobre ella.

Por eso, nunca debes enfadarte o frustrarte con tu pequeño cuando notes este tipo de comportamiento. De hecho, es algo de lo que hay que alegrarse. Pero... ¿Por qué? ¿Por qué los padres deberían alegrarse de que sus hijos sean testarudos para algunas cosas? Todos sabemos que los niños no son capaces de racionalizar claramente las cosas. Pero cuando se obstinan en algo, es su forma de analizarlo y resolverlo. Eso demuestra madurez emocional y es algo bueno.

Asegúrate también de que tu hijo no tiene ningún otro tipo de problema. Una vez conocí a una madre que se frustraba porque su hija se comportaba mal a menudo y tenía rabietas cada vez que le decían que hiciera algo.

La madre lo intentaba todo -incluso ser un poco severa- pero su hija sólo oponía más resistencia. Al final, resulta que a la niña le estaban creciendo los molares y que le dolían muchísimo. Obviamente, la niña no podía concentrarse en nada más allá del dolor y no sabía cómo manejar las cosas. Los niños no planifican.

Simplemente reaccionan. Incluso cuando se ríen a costa de tu dolor, lo hacen porque su empatía no se ha desarrollado lo suficiente como para entender por lo que estás pasando, por lo que te toca a ti explicarles y ayudarles a entender.

Capítulo 22. Preguntas frecuentes

Preguntas frecuentes sobre el entrenamiento para ir al baño

Algunos padres se sienten muy abrumados por la idea del entrenamiento para ir al baño y tienen varias preocupaciones sobre cómo y cuándo empezar. El conocimiento puede ayudar, y mucho, a tener el valor necesario para iniciar este tipo de educación con la justa confianza. Estas son algunas de las preguntas más frecuentes sobre el tema.

P. ¿Cuándo empiezo a entrenar con el orinal?

La cuestión de cuándo empezar el entrenamiento para ir al baño no tiene una respuesta correcta o incorrecta. Cada niño se desarrolla a su propio ritmo. En general, entre los 18 y los 24 meses, los niños están listos para el entrenamiento para ir al baño. Pero también hay padres que quieren empezar antes y, por otro lado, padres que retrasan la preparación hasta que sus hijos tienen tres años o más.

Alrededor de los 12 meses, el intestino y la vejiga deben empezar a madurar y a los 18 meses maduran completamente, lo que permite al niño permanecer seco durante más tiempo (2-3 horas).

P. ¿ En cuánto tiempo mi hijo dejará los pañales de forma definitiva?

De nuevo, no hay una respuesta exacta a esta pregunta, todo dependerá del niño. Aunque sea menos, es posible que tu hijo lo tenga todo controlado en entre 3 y 4 semanas. Pero también puede tardar hasta un año en permanecer seco durante la noche.

P. ¿Utilizaré los pañales de entrenamiento o pull-up?

La respuesta rápida es no. Puede parecer una forma ideal de evitar accidentes porque los pull-ups son idénticos a los pañales, pero siguen siendo pañales para tu hijo. Los pull-ups son absorbentes y tu hijo no nota la humedad. Y esto puede ser muy contraproducente. Lo mejor es programar el entrenamiento para ir al baño y pasar unos días en casa. Después, si te da miedo que tu niño pueda tener un accidente cuando se encuentra fuera de casa, lleva contigo un orinal portátil.

P. ¿Cómo puedo preparar el entrenamiento para utilizar la bacinica?

Planificar es siempre la clave del éxito. Compra con antelación el material necesario y permite que tu hijo se acostumbre al orinal, a las toallitas, y a todo lo demás que quieras utilizar durante los días de entrenamiento. Cuando tu hijo se haya acostumbrados a estos nuevos objetos, será mucho más probable que los utilice.

P. ¿Debo hablar de ello con mi hijo?

Claro, por supuesto. Le explicarás a tu hijo que va a llevar ropa interior de niño mayor a partir de ahora. Incluso puedes pedirle que te acompañe a comprar braguitas y calzoncillo o el mismo orinal, para que se sienta participe de todo el proceso.

P. ¿Es más difícil entrenar a los niños para ir al baño que a las niñas?

En general, no hay casi diferencias entre niños y niñas. Hay muchas creencias erróneas, por ejemplo, que los niños tienen menos ganas y son más difíciles de entrenar. Aunque estadísticamente es cierto que los niños tardan un poco más en ir al baño, es un error pensar que con ellos todo va a ser más complicado, sobre todo porque, finalmente, lo que realmente cuenta es el desarrollo de cada individuo.

El aprendizaje de baño tiene muchas ventajas

En los últimos 50 años, la mayoría de los padres y los médicos han dejado de lado el entrenamiento temprano para ir al baño y lo han sustituido por un entrenamiento tardío. Lo que antes, y todavía en gran parte del mundo, se lograba entre los 12 y los 24 meses de edad, ahora a menudo ni siquiera se inicia hasta después de los dos años. Los pañales desechables y las lavadoras, junto con la idea de que el niño debe estar preparado para utilizar el orinal, han contribuido a este cambio de tendencia. Sin embargo, algunos padres se enteran de las muchas ventajas del aprendizaje temprano del orinal antes de los dos años y vuelven a recurrir a una práctica que antes se consideraba perfectamente normal.

Vínculo entre padres e hijos

Al igual que la lactancia materna y aprender a detectar cuándo el niño está cansado o tiene hambre, saber entender cuando el niño tiene que ir al baño, ayuda a reforzar la conexión entre padres e hijos. Muchos padres de hecho creen que esta es una de las principales ventajas de todo el proceso.

Ahorro de dinero y cuidado del medioambiente

Los pañales desechables afectan al medioambiente y, además, son caros de comprar. Un orinal para niños permite ahorrar dinero y reducir el impacto de tu hijo en el medioambiente.

Beneficios para la salud

La ventaja más obvia para la salud de un aprendizaje temprano es que tu hijo sufrirá menos erupciones cutáneas en el culito por el uso de pañales. Varios estudios indican también que el aprendizaje tardío pone al niño en riesgo de sufrir posibles problemas de vejiga, como infecciones del tracto urinario y un aumento de los accidentes y la enuresis. Cuando tu hijo va a la guardería y sabe utilizar la bacinica, es también menos probable que contraiga virus transmitidos por las heces.

¿Es más fácil el entrenamiento temprano?

Aunque todo dependerá siempre del desarrollo individual de cada niño, muchos padres que optan por entrenar de una forma temprana informan de que tienen menos problemas que los que esperan hasta los dos años. Hay varios factores que pueden contribuir a ello. Los bebés y los niños de un año, por ejemplo, aún no están en la etapa de los "terribles dos". No se resisten a ir al baño porque para ellos todavía no es un cambio de su día a día. Puede ser más difícil para un niño de tres años volver a entrenar su vejiga y sus intestinos después de tanto tiempo usando pañales.

Capítulo 23. Lo que los padres no deben hacer durante el entrenamiento para ir al baño

Cuando tu hijo decida que está preparado para comenzar el proceso de aprendizaje para ir al baño, hay algunas cosas que debes y no debes hacer.

1. No te pongas demasiado firme

Puede que tengas prisa por que tu hijo deje los pañales y utilice ropa interior, pero debes dejar que sea él quien marque el camino. Si intentas apresurarle, tu hijo se resistirá más tiempo y hará que el entrenamiento para ir al baño resulte aún más difícil para ambos.

2. No intentes forzarlo

El aprendizaje para ir al baño suele ser más fácil si permites que se produzca de forma natural en lugar de forzar el cambio en el niño. Si intentas entrenarlo demasiado pronto, puede que tu hijo decida que no hay razón para dejar los pañales.

3. No se lo cuentes a todo el mundo

Lo último que quieres hacer es tomar un momento ya estresante y empeorarlo para tu hijo contándole a todo el mundo lo que está pasando. Si necesitas explicarle a unos pocos amigos cercanos o a la familia lo que está pasando, está bien, pero hablar públicamente de ello probablemente solo hará que las cosas sean más difíciles para tu hijo.

4. No pierdas la calma

Tu hijo va a tener accidentes durante el aprendizaje para ir al baño. Es absolutamente inevitable. Nunca debes perder la calma cuando esto ocurra y nunca debes castigarle por algo así, ya que a la larga sólo empeorarás las cosas.

5. No tengas miedo de cansarte

Si crees que, debido al proceso de aprendizaje para ir al baño, acabarás demasiado agotada, ni lo intentes. Tienes que ser consciente de tu estado mental y corporal durante este momento y asegurarte de planificar las fechas en consecuencia.

6. No te obsesiones

Recuerda que no lo haces sólo por ti, sino también por tu hijo.

Capítulo 24. Cómo gestionar y minimizar los contratiempos

Para la mayoría de los padres, el entrenamiento para ir al baño puede ser frustrante. No es raro que tu hijo retroceda y tenga que empezar a usar pañales de nuevo. De hecho puede parecer imposible seguir avanzando en este proceso cuando tu niño parece decidido a retroceder.

Muchas veces, el progreso se detiene porque los padres se dan por vencidos demasiado pronto. Creen que han dejado que su hijo "tenga demasiado libre albedrío", o que, sencillamente, son demasiado obstinados y quieren tener el control. Estas creencias no son en absoluto ciertas y frenan todo el progreso.

Objetivos

Determina tus objetivos. Algunos padres se limitan a hacer que su hijo se siente e intente hacer pis o caca durante unos minutos cada día. Otros padres empiezan con una tabla de pegatinas y luego van aumentando la dificultad de la tarea a medida que avanzan (como conseguir que el niño vaya al baño solo cada día).

Apunta más bajo

Una buena forma de asegurarse de que el progreso continúa es establecer objetivos más pequeños y asumibles. Si después de tres días tu hijo no usa el orinal, no te rindas. Encuentra algo nuevo en lo que trabajar y cuando lo consiga, aumenta ligeramente la dificultad y mira si puede lograr un mayor avance.

¿Tu hijo ya hace pis en el orinal, pero se niega a hacer caca allí? Sigue probando. Si hace caca en el orinal con regularidad durante una semana más o menos, aumenta tus objetivos a un día sí y otro no. Cuando lo consiga durante un tiempo, intenta que vaya todos los días.

¡Actitud positiva!

Si te enfadas con tu hijo, su progreso se detendrá. Cada vez que dé un paso adelante, recuérdate a ti mismo que esto es algo muy bueno. Si ya está haciendo progresos y luego se detienen por el motivo que sea, haz un balance de cómo te sientes, recupera tu actitud positiva y vuelve a ponerte en marcha.

No fuerces a tu hijo

Si estás decidida a entrenarle para ir al baño, hazlo. Si no te sientes preparada para comprometerte, déjalo. No "amenaces" a tu hijo con el uso del orinal, ni con ninguna otra cosa. Sólo dile que quieres intentarlo (o que vais a intentarlo) y que las cosas irán mejor si te hacen caso.

Utiliza siempre el refuerzo positivo y no castigues a tu hijo por este tema (no le quites los juguetes ni cualquier otra cosa). Explícale amablemente y con firmeza que a veces tenemos accidentes porque tenemos prisa, o no nos encontramos bien, o lo que sea. Y que es algo muy normal.

Capítulo 25. Consejos para reforzar la autoestima y la independencia de tu hijo durante el aprendizaje para ir al baño

Aquí tienes algunos consejos para reforzar la autoestima y la independencia de tu hijo cuando esté aprendiendo a ir al baño:

1. Recuerda: evita el uso de pull-ups. El pequeño necesita sentir la sensación de estar mojado si no ha llegado al baño a tiempo. Si lleva un pañal, no sentirá la humedad, lo que le impedirá relacionar la sensación en su vejiga con la necesidad de llegar al baño a tiempo.

2. Procura no estar demasiado pendiente de tu hijo mientras se sienta en el váter o en el orinal. Esto hará que se ponga nervioso a la hora de ir al baño, y si cree que le estás viendo hacer pis, puede que le hagas sentirse cohibidos al hacerlo. Lo mejor es darle un poco de intimidad y libertad.

3. No le mientas a tu hijo sobre cuánto tiempo puede aguantar antes de mojarse. Si te lo pregunta, dile siempre la verdad para que entienda cuanto puede llegar a llenarse su vejiga antes de que se acabe mojándose. Es muy importante para un niño conocer y saber cómo funciona su cuerpo.

4. No debes obligar a tu hijo a hacer pis si está llorando. No le digas que tiene que ir porque tú tienes que ir a un sitio o hacer algo. Acabará por no querer usar el orinal nunca.

5. No castigues a tu hijo si se hace pis quitándole los juguetes o enviándolo directamente a su habitación. Si se hace pis, debe tener al menos 15 minutos de pura diversión antes de volver a intentar ir al orinal.

6. Si tu hijo tiene accidentes, hay que cambiarle la ropa interior enseguida para que no tenga un accidente encima de otro.

7. Cuando tu hijo esté en el orinal, anímale a jugar con sus juguetes. Si juega en el suelo con sus juguetes, esto le da más incentivos para seguir usando el orinal y ayuda a disminuir los accidentes. Solo ten cuidado a que no acabe por pasarse allí mucho más rato del que realmente necesita para hacer pis o caca.

8. Aunque esté haciendo progresos, no le des premios o regalos a tu hijo por usar la bacinica.

9. No te enfades con tu hijo ni le castigues si no llega al baño a tiempo, por mucho que e creas que ya debería ser capaz de hacerlo.

Conclusión

El proceso de enseñar a un niño a ir al baño se denomina entrenamiento de baño o para ir al baño. Para la mayoría de los padres, es una tarea desalentadora y temida por su complejidad y nivel de estrés. La buena noticia es que no tiene por qué ser una tarea en absoluto, y con unas sencillas pautas, los padres pueden conseguir un entrenamiento para ir al baño relativamente rápido y fácil.

El objetivo del aprendizaje es que el niño utilice el inodoro o el orinal o bacinica solo. Sin embargo, los niños aprenden a ritmos diferentes, por lo que el tiempo que se tarda en entrenar a un niño varía según cada caso. Un niño pasa por varias etapas antes de estar completamente entrenado. El desarrollo mental, además del físico, también desempeñará un papel importante en la rapidez con que el pequeño aprenda a usar el inodoro.

Este puede ser un proceso largo, así que mantén tus expectativas razonables. Busca señales que indiquen que tu hijo está listo para empezar a ir al baño. La curiosidad por ir al baño y la sequedad prolongada son, por ejemplo, claros indicadores de ello.

Puedes comprar material de ayuda, como papel higiénico de color y asientos para el inodoro, aunque muchos padres entrenan con éxito sin ellos. Deja que tu hijo elija su propia ropa interior nueva y haz que sienta interés por todo el proceso.

El enfoque del entrenamiento para ir al baño consiste en reconocer la velocidad de aprendizaje y modificar las pautas en consecuencia. Al igual que aprender a caminar y a hablar, tu hijo puede aprender a usar el retrete a su propio ritmo.

En definitiva, la cosa más importante para practicar es una: la bacinica Algunos padres han observado que es más probable que el niño utilice el orinal cuando puede elegirlo él mismo.

Los orinales convencionales ofrecen varias ventajas para el niño. Son diminutos, como los propios pequeños, y tu hijo puede sentarse en él sin esfuerzo. La altura correcta del asiento permite que el niño apoye los pies firmemente en el suelo. Esto es muy importante a la hora de presionar durante la defecación. Lo ideal es elegir una bacinica con una base firme, es decir ancha, para que no se vuelque cuando el niño aprenda a levantarse del orinal.

Por último, nunca debes olvidar que el entrenamiento para ir al baño es uno de los pasos más importantes en el desarrollo de un niño pequeño: es el comienzo de una relación personal con su cuerpo que perdurará toda su vida.

En este sentido, la herramienta más importante que tienes para enseñar a tu hijo a ir al baño no es algo que compres en una tienda, sino algo que se te ha dado desde el día en que fuiste consciente de que lo esperabas: tu instinto de madre o padre y el profundo vínculo entre tú y tu pequeño.

Por lo tanto, recuerda siempre confiar en tus emociones y dejar que el amor que sientes por tu pequeño te guíe en este paso tan importante para que tu hijo se convierta en la persona fuerte e independiente que sin duda alguna será.

CPSIA information can be obtained
at www.ICGtesting.com
Printed in the USA
BVHW040609120521
607043BV00002B/653